AF192320

Rolf Kamphaus

Telefoninkasso

So kommen Sie schneller zu Ihrem Geld,

ohne den Kunden zu verlieren

Herstellung und Verlag:
Books on Demand GmbH, Norderstedt
ISBN 978-3-8370-9222-6

Inhaltsverzeichnis

Vorwort

Außenstände sind etwas Ärgerliches. Der Kunde zahlt einfach nicht und auf Mahnungen wird häufig auch nicht reagiert. Wir tappen einfach im Dunkeln. Wir wissen nicht ob und wann gezahlt wird. Die Hintergründe für die Inaktivität des Kunden bleiben ebenfalls für uns im Verborgenen.

Der richtige Schritt ist jetzt zu telefonieren. Denn nur der Kunde weiß aus welchem Grund die Rechnung nicht bezahlt wird und in welchen Problemen er sich gegebenenfalls befindet.

Die Aufgabe, die durch das Inkassogespräch zu lösen ist, besteht darin, den Grund für die ausbleibende Zahlung zu ermitteln und ein für Gläubiger und Schuldner befriedigendes Ergebnis zu finden.

Dieses Buch vermittelt, mit welchen Vorgehensweisen und Gesprächstechniken der Schuldner am besten zur Zahlung zu bewegen ist. Die geschilderten Verfahrensweisen sind auf eine weiterführende Geschäftsbeziehung abgestimmt. Denn schließlich liegt es in unserem Interesse, dass der Kunde zahlt, aber auch unser Kunde bleibt.

Dieses Buch geht sehr ins Detail. Es werden nicht nur die bedeutenden Gesprächsabschnitte im Einzelnen dargestellt, sondern darüber hinaus spezielle Formulierungsvorschläge in Form von Beispielen gegeben.

In diesem Sinne, viel Spaß!

1. Die Gründe, die dafür sprechen, den säumigen Zahler anzurufen

Das Inkassogespräch am Telefon hat einen großen Vorteil. Der Schuldner wird nicht nur mündlich gemahnt, sondern wir bekommen seine Reaktion auf diese Zahlungserinnerung gewissermaßen hautnah mit. Aufgrund dieser Reaktion können wir oft recht gut die Situation und das zukünftige Verhalten des Schuldners einschätzen und somit unser Handeln darauf ausrichten.

Im Einzelnen kann das Inkassogespräch am Telefon folgendes bewirken:

- Der Schuldner wird durch das persönliche Gespräch zur baldigen Zahlung veranlasst.
- Die Gründe für den Zahlungsverzug können herausgefunden werden, denn nur der säumige Kunde weiß warum er nicht zahlt.
- Missverständnisse und Einwände lassen sich im Gespräch ausräumen.
- Eine Lösung zur Begleichung der ausstehenden Beträge kann gefunden werden.

- Aufgrund der Informationen des Schuldners ist es oft möglich, seine wirtschaftliche Situation einzuschätzen.
- Es kann festgestellt werden, ob ein Zahlungswille überhaupt vorhanden ist.

2. Grundprobleme, die bei unserem Anruf auftreten können sowie deren Lösungsansätze

- Am Telefon können wir den Gesprächspartner nur hören, nicht jedoch sehen. Das bedeutet, es lässt sich am Telefon nicht am optimalsten eine persönliche Gesprächsbasis aufbauen.

Optimierungsmöglichkeiten:
  - o Der Anruf sollte mit einer dynamischen Stimme ohne negativen Unterton erfolgen. Eine zu freundliche Art ist allerdings zu vermeiden, sie ist für diesen Gesprächsgrund nicht angebracht.
  - o Der Name des Schuldners ist immer dann am Satzanfang zu nennen, wenn ein Vorschlag zu unterbreiten ist oder etwas unmissverständlich klar gestellt werden soll.

Beispiel:

„Herr Frey, eine weitere Stundung ist nicht möglich."

- Auf Grund der Anonymität durch den fehlenden Sichtkontakt kann ein unerwünschter Gesprächspartner leichter abgewiesen werden, als bei einem Kontakt von Angesicht zu Angesicht.

Optimierungsmöglichkeiten:

- o Eine direkte Schuldzuweisung, die bei dem säumigen Kunden sofort den Widerspruchsgeist aktiviert, ist vor allem am Gesprächsanfang zu vermeiden. Vielmehr sollte der Gesprächpartner gleich konstruktiv in das Gespräch eingebunden werden.

- Ein Anruf von uns wird von unserem Gesprächspartner oft als Störung empfunden. In solchen Fällen wird das Gesprächsklima am Anfang negativ beeinflusst.

Optimierungsmöglichkeiten:

- o Wenn jemand durch einen Anruf gestört wird oder das Gespräch als unangenehm empfindet, macht sich dies in seiner Stimme bzw. durch seine Stimmung bemerkbar. Wichtig ist, dass wir uns durch diese negative Art in unserer Gesprächsweise nicht beeinflussen lassen.

3. Der Anruf bei unserem Schuldner: Das Ablaufschema

Der Anruf bei unserem Schuldner geht über einige Stationen, die zunächst in einem Ablaufplan dargestellt und dann behandelt werden.

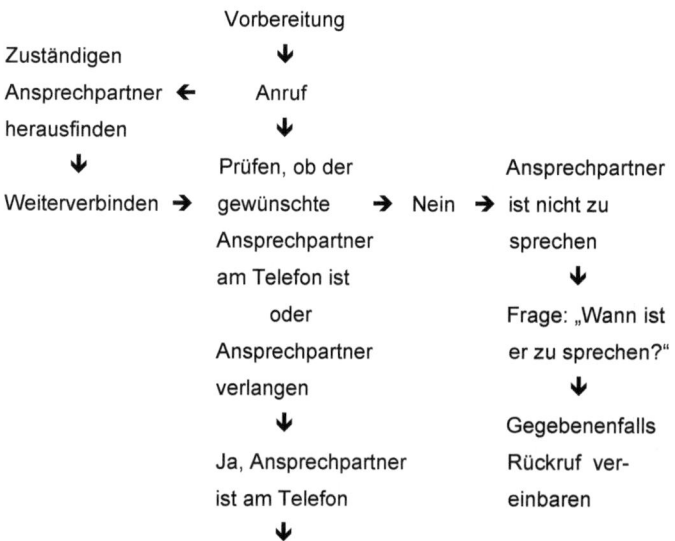

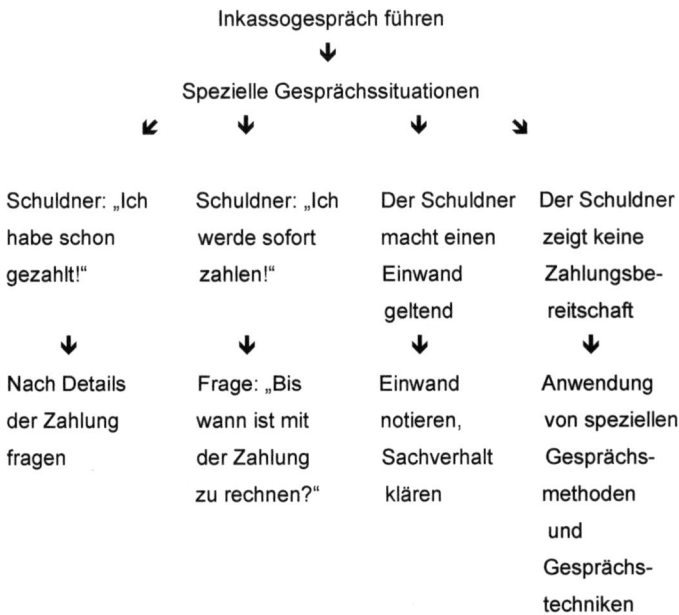

Inkassogespräch führen

↓

Spezielle Gesprächssituationen

Schuldner: „Ich habe schon gezahlt!"	Schuldner: „Ich werde sofort zahlen!"	Der Schuldner macht einen Einwand geltend	Der Schuldner zeigt keine Zahlungsbereitschaft
↓	↓	↓	↓
Nach Details der Zahlung fragen	Frage: „Bis wann ist mit der Zahlung zu rechnen?"	Einwand notieren, Sachverhalt klären	Anwendung von speziellen Gesprächsmethoden und Gesprächstechniken

4. Die Gesprächsvorbereitung

Ein Inkassogespräch sollte gründlich vorbereitet sein. Ein spontaner Anruf nach dem Motto: „Ich rufe halt mal da an und schaue was dabei heraus kommt" ist meistens nicht von dem großen Erfolg gekrönt. Eine Vorbereitung auf alle Eventualitäten, die ein Inkassogespräch so mit sich bringen kann, ist bis ins Detail wohl kaum möglich. Der Anrufer bekommt jedoch durch seine gute Vorbereitung umfassende Informationen sowie mehr Sicherheit und kann dadurch schwierigere Gesprächssituationen leichter meistern.

4.1 Die sachliche Vorbereitung

Unterlagen, die für das Inkassogespräch benötigt werden:

- Rechnungskopien, welche?
- Mahnschreiben, vom?
- Kontoauszüge, vom?
- Aufstellungen, welche?
- Welche Unterlagen werden zusätzlich noch benötigt?

Die Beantwortung folgender Fragen ist wichtig:

- Wen will ich sprechen?
- Muss ich, soweit bekannt, irgendetwas im Umgang mit der Person berücksichtigen?
  Beispiele:
  - Temperament der Person, Schlagfertigkeit, Einfluss, Position
- Was will ich erreichen (Maximalforderung)?

Beispiele:

- Die Zahlung des gesamten Betrags innerhalb von zwei Wochen.

- Die Vereinbarung von Ratenzahlungen.

• Womit wäre ich auch zufrieden, worauf würde ich mich noch einlassen (Minimalforderung)?

Beispiele:

- Die Stundung der Zahlung um zwei Monate.

- Eine höhere Anzahl von Raten als ursprünglich geplant.

• Welche Fragen will ich stellen?

Beispiele:

- Wann kann der Schuldner zahlen?

- Welchen Lösungsvorschlag kann der Schuldner unterbreiten?

• Welche Informationen will ich bekommen?

Beispiele:

- Ist die Zahlungsfähigkeit gegeben?

- Wie ist die finanzielle Lage?

• Mit welchen Einwänden habe ich zu rechnen?

Beispiel:

- Eine Reklamation wurde noch nicht bearbeitet.

• Will ich Konsequenzen aufzeigen?

Beispiel:

- Die Übersendung des Mahnbescheids andro-
hen.

• Was will ich vermeiden?

Beispiel:

- Einen Streit, der das Besprechen einer Lösung
unmöglich macht.

• Womit muss ich im schlimmsten Falle rechnen?

Beispiel:

- Das Gespräch wird ohne Ergebnis beendet.

4.2 Die mentale (geistige) Vorbereitung

„Warum rufe ich denn überhaupt an, das Gespräch bringt
ja sowieso nichts. Der Schuldner wird trotzdem nicht
zahlen." Durch diese oder ähnliche Gedanken wird das
Unterbewusstsein förmlich auf Misserfolg programmiert.
Der Anrufer wird somit kurz vor seinem Anruf negativ
eingestimmt. Scherzhaft könnte gesagt werden: „Der
Negative hat einen absoluten Vorteil, er wird durch das
Gesprächsergebnis sicherlich nicht enttäuscht." Eine
negative Erwartungshaltung führt sehr leicht zu einem
negativen Ergebnis, weil der Anrufer sich mit dem Verlieren schon vorher geistig vertraut gemacht hat.

Bereiten Sie sich gedanklich richtig auf das Telefonat vor! Ein altes indisches Sprichwort lautet: „Willst Du den Tiger morgen töten, so töte ihn heute in Gedanken". Von Bedeutung ist, dass wir unserem Handeln, unsere Gedanken voraus schicken.

Wichtig ist der unerschütterliche Glaube daran, dass das Inkassogespräch eine gute Chance bietet um an das Geld zu kommen.

Die Grundeinstellung:

- Durch meinen Anruf, durch mein Bemühen um eine Lösung hat der Schuldner einen echten Vorteil, einen echten Nutzen.
- Wenn der Schuldner auf das Zahlungsproblem nicht eingehen will bzw. seine Chance nicht erkennt, hat er Pech gehabt.

Die Vorbereitung:

- Gehen Sie in Gedanken alle Fragen durch, die Sie stellen möchten.
- Stellen Sie sich nach Möglichkeit die Gesprächssituation mit dem Schuldner bildhaft vor.

- Stellen Sie sich vor, wie Sie den zunächst hartnäckigen Schuldner im Laufe des Gesprächs zur Zahlung veranlassen.

5. Die zusätzliche Möglichkeit: Der Anruf bei dem Einkäufer

In den Unternehmen ist es die Regel, dass die eingehenden Rechnungen zunächst vom zuständigen Einkäufer auf Richtigkeit überprüft und dann durch Unterschrift freigegeben werden. Erst dann wird die Rechnung zur Zahlung an die Buchhaltung weitergeleitet.

Es ist deshalb oft hilfreich, bevor ein Inkassogespräch mit der Buchhaltung geführt wird, den zuständigen Einkäufer anzurufen und ihn zu fragen, ob und wann die Freigabe der Rechnung erfolgt ist.

Beispiel:

- „Es geht um die Rechnungsnummer 24432 über 3.784,-- €. Sagen Sie mir bitte, ob Sie die Rechnung (bereits) freigegeben haben und wenn ja wann das geschehen ist. Hat ihre Buchhaltung die Rechnung zur Zahlung schon erhalten?"

Sofern die Rechnung noch nicht freigegeben ist, weil Unstimmigkeiten noch zu bereinigen sind, können diese Probleme mit dem richtigen Ansprechpartner, dem Einkäufer möglicherweise gleich geklärt werden.

Der hauptsächliche Vorteil von einem solchen Anruf ist aber darin zu sehen, dass – sofern eine Freigabe und die Weiterleitung an die Buchhaltung erfolgt ist – der Mitarbeiter in der Buchhaltung nicht behaupten kann, keinerlei Ahnung von dem Vorgang zu haben. In einem solchen Falle kann auf die Freigabe des Einkäufers hingewiesen werden. Ein berechtigter Grund für den Zahlungsverzug ist dann nicht mehr gegeben.

6. Der Anruf bei unserem Schuldner

In diesem Kapitel werden die Stationen des Inkassogesprächs, die wir mit unserem Schuldner durchlaufen, angefangen von den ersten Worten unseres Anrufs bis hin zur Verabschiedung, im Einzelnen behandelt.

6.1 Auf den richtigen Meldetext kommt es an

An den geeigneten Meldetext und die Sprechweise werden folgende Erwartungen geknüpft:

- Der angerufene Schuldner sollte den Personennamen und den Firmennamen auf Anhieb gut
  verstehen und nicht noch einmal um ein Wiederholen bitten müssen. Der Anrufer hat in der Regel den Überraschungseffekt auf seiner Seite.
  Das bedeutet, dass er im Gespräch die aktivere
  Rolle mindestens zunächst einnimmt und sich
  damit in der günstigeren Ausgangslage befindet.
  Werden nun gleich am Gesprächsanfang Informationen vom Schuldner nachgefragt, wie z. B.
  „Wer sind Sie?" oder „Mit wem spreche ich?",
  läuft der Anrufer Gefahr seinen Vorteil zu verlieren und sich in die abhängige Gesprächsrolle
  drängen zu lassen.
- Nichts darf einem konstruktiven Gespräch gleich
  am Anfang im Wege stehen, deshalb sollte durch
  die ersten Worte auf keinen Fall ein negativer,
  sondern eher ein positiver erster Eindruck erzeugt werden.

6.1.1 Der Meldetext, wenn wir den Schuldner anrufen

Hinweis: Unternehmensspezifische Vorgaben sind für die Mitarbeiter bindend. Wenn in einem Unternehmen die Formulierung des Meldetextes bereits geregelt ist, muss sich auf jeden Fall an diese unternehmensinterne Vorgabe gehalten werden.

Übung:

Für welchen Meldetext würden Sie sich entscheiden?

Was halten Sie für richtig? (Bitte ankreuzen)

❐ „Print Media GmbH, Schreiber"

❐ „Hier ist die Print Media GmbH, mein Name ist Schreiber"

❐ „Guten Tag, Print Media GmbH, mein Name ist Sabine Schreiber"

❐ „Guten Tag, mein Name ist Sabine Schreiber von der Firma Print Media GmbH"

❐ „Guten Tag, Herr Brehm, mein Name ist Sabine Schreiber von der Firma Print Media GmbH"

Der richtige Meldetext, wenn ich meinen Schuldner anrufe: Die Auflösung der Übung

❐ „Print Media GmbH, Schreiber"

- Ein Firmenname, der gleich am Anfang des Gesprächs genannt wird, kann in den meisten Fällen nicht richtig verstanden werden. Es folgt daher oft die Reaktion „Wer ist dran?"
- Der Personenname folgt hier direkt auf dem Firmenname. Die Gefahr besteht, dass der Personenname mit den Firmennamen verwechselt wird.

❐ „Hier ist die Print Media GmbH, mein Name ist Schreiber"

- In diesem Beispiel wird der Text durch einen Vorspann eingeleitet. Die Namen können somit gut verstanden werden.

Die Formulierung: „Hier ist ...." gefällt nicht jedem. Gegebenenfalls kann auch ein Gruß dem Meldetext vorangesetzt werden.

- Der Zusatz „...mein Name ist ..." trennt deutlich den Firmennamen von dem Personennamen. Die Namen lassen sich somit gut von einander unterscheiden. Selbstverständlich kann auch der Zusatz „... Sie sprechen mit ..." genommen werden.

❒ „Guten Tag, Print Media GmbH, mein Name ist Sabine Schreiber"

- Diese Formulierung hebt sich durch das Nennen des Vornamens von dem vorangegangenen Beispiel ab. Die zusätzliche Nennung des Vornamens unterstreicht die persönliche Note.

- Die Vorgehensweise in der Reihenfolge, erst den Firmennamen nennen und anschließend den Personennamen ist vor allem für eingehende Telefonate zu empfehlen, weniger dagegen für den Fall, wenn wir anrufen d. h. für ausgehende Telefonate. Denn, wenn wir angerufen werden, muss der Anrufer als erstes erfahren, mit welcher Firma er verbunden ist und danach mit welcher Person er spricht.

❏ „Guten Tag, mein Name ist Sabine Schreiber von der Firma Print Media GmbH"

- Wenn wir einen Schuldner anrufen, nennen wir nach dem Vorspann (im Beispiel: „Guten Tag") als erstes unseren Vor- und Zunamen und danach den Firmennamen. Diese Methode ist dazu geeignet, den persönlichen Kontakt herzustellen. Diese Art der Formulierung ist schon sehr gut.

❏ „Guten Tag, Herr Brehm, mein Name ist Sabine Schreiber von der Firma Print Media GmbH"

- Dieser Meldetext ist der Königsweg. Bei diesem Beispiel wird der Schuldner bereits im Meldetext mit seinem Namen angesprochen. Hierdurch wird eine persönliche Verbundenheit ausgedrückt.

So melde ich mich in Zukunft, wenn ich einen Schuldner anrufe:

Vorspann: _____

(Anrede): _____

Personennamen: _____

Firmennamen: _____

Bitte urteilen Sie!

- ❐ Mein Meldetext ist zu kurz
- ❐ Mein Meldetext ist gerade richtig
- ❐ Mein Meldetext ist zu lang

6.1.2 Der Unterschied: Der Meldetext, wenn wir angerufen werden

Bei eingehenden Telefonaten empfiehlt es sich, wie bereits erwähnt, zunächst den Firmennamen und dann den Personennamen zu nennen. Denn der Anrufer soll zuerst erfahren, ob er auch richtig verbunden ist. Wenn das Gespräch über die Vermittlung der Telefonzentrale zustande kommt, kann auf die Nennung des Firmennamens verzichtet werden. Empfehlenswert – jedoch nicht zwingend notwendig – ist in einem solchen Falle, statt dem Firmennamen die Funktion bzw. die Abteilung (z. B. Buchhaltung) vor dem Personennamen zu nennen.

Beispiele:

- Guten Tag, Print Media GmbH, mein Name ist Sabine Schreiber"

oder

- „Guten Tag, Buchhaltung, mein Name ist Sabine Schreiber"

oder

- „Guten Tag, mein Name ist Sabine Schreiber"

beziehungsweise

- „Guten Tag, Sie sprechen mit Sabine Schreiber"

Ein Zusatz wie „... meine Name ist ..." oder „... Sie sprechen mit ..." dient, wie bereits schon angeführt, vorwiegend der Unterscheidung von Firmennamen und Personennamen. Wenn es sich um bekannte Ausdrucksweisen bzw. Begriffe handelt wie „Guten Tag" oder „Buchhaltung" kann auf einen solchen Zusatz verzichtet werden.

Er wird aber gerne wegen der eleganten Formulierung beibehalten.

So melde ich mich in Zukunft, wenn ich angerufen werde:

Vorspann: _____

Firmennamen

oder Funktion

bzw. Abteilung: _____

Personennamen: _____

Bitte urteilen Sie!

- ❒ Mein Meldetext ist zu kurz
- ❒ Mein Meldetext ist gerade richtig
- ❒ Mein Meldetext ist zu lang

6.2 Den zuständigen Gesprächspartner herausfinden und ans Telefon bekommen

6.2.1 Die Klärung der Zuständigkeit

Wir rufen bei dem Unternehmen an, klären wer für unser Anliegen zuständig ist und lassen uns in der Regel gleich an die zuständige Stelle weiterverbinden. Selbstverständlich würde die folgende Formulierung ausreichen, um an

28

den gewünschten Gesprächspartner weiterverbunden zu werden:

Anrufer: „Es geht um eine noch nicht bezahlte Rechnung. Können Sie mich bitte weiterverbinden?"

Empfehlenswert ist es jedoch, sich nicht nur weiterverbinden zu lassen, sondern zuvor den Namen des zuständigen Ansprechpartners zu erfragen. Wir können dann prüfen, ob sich auch die für uns richtige Person am Telefon meldet. Darüber hinaus haben wir die Möglichkeit, uns den Namen aufzuschreiben oder zumindest gut zu merken. Der Gesprächspartner kann dann im Gespräch mit seinem Namen gezielt angesprochen werden. Freilich lässt sich sagen: „Der Gesprächspartner meldet sich sowieso mit seinem Namen, dann weiß ich ihn doch". Der Name wird aber in der Regel während des Gesprächs gleich wieder vergessen, vorausgesetzt er wurde beim Melden überhaupt richtig verstanden.

Beispiel:

Anrufer: „Ich habe eine Frage: Wer ist in Ihrem Hause für die Bezahlung der Rechnungen zuständig?"

| Telfonzentrale: | „Das macht Frau Hesse in der Buchhaltung." |
| Anrufer: | „Gut, können Sie mich gleich weiterverbinden? Vielen Dank." |

6.2.2 Den zuständigen Gesprächspartner verlangen

Gehen wir nun davon aus, dass uns der Name des Ansprechpartners bekannt ist. Es muss entweder noch weiter verbunden werden, oder die gewünschte Person ist ans Telefon zu holen. Mit welcher Formulierung verlangen wir unseren Ansprechpartner?

Schlechtes Beispiel:

- „Guten Tag, mein Name ist Michael Schüttler von der Dienstleistungs GmbH, ich hätte gerne Frau Wild gesprochen."

Die Ausdrucksweise beinhaltet die Möglichkeitsform: „Ich hätte gerne ....". Diese oder ähnliche Formulierungen lassen leichter instinktiv die Antwort zu: „Frau Wild ist leider nicht da" als eine präzise Forderung bzw. Bitte. Durch das Benutzen der Möglichkeitsform wird im gege-

30

benen Falle das Verleugnen leichter gemacht bzw. unterstützt.

Gutes Beispiel:

- „Guten Tag, mein Name ist Michael Schüttler von
  der Dienstleistungs GmbH, verbinden Sie mich
  bitte mit Frau Wild."

6.2.3 Auf die Worum-geht-es-Frage kurz und präzise Antworten

Wenn wir unseren Ansprechpartner verlangen hören wir
oft die Frage: „Worum geht es denn?" oder „In welcher
Angelegenheit?".

Nach Möglichkeit sollten jetzt nicht zu viele Informationen
gegeben werden, denn es handelt sich noch nicht um
den richtigen Gesprächspartner.

Schlechtes Beispiel:

Anrufer: „Es geht um die Rechnung vom 15. März dieses
Jahres. Da ist der Betrag von 980,-- € immer
noch offen. Ich wollte mal fragen, wann ich mit
der Begleichung rechnen kann.

Umso mehr Informationen wir jetzt geben, umso schwieriger wird es sein, den richtigen Gesprächspartner an das Telefon zu bekommen. Denn die Informationen von uns werden an die von uns gewünschte Person weitergeleitet. Um so mehr diese Person annehmen muss, ein negatives bzw. schwieriges Gespräch vor sich zu haben, umso weniger wird sie Bereitschaft zeigen, mit uns zu telefonieren. Wir laufen dann Gefahr abgewiesen zu werden. Die Antwort die wir dann zu hören bekommen, könnte sich beispielsweise folgendermaßen anhören: „Ich habe gerade gehört Frau Kleinschmitt ist in einer Besprechung. Kann ich was ausrichten?".

Noch eine negative Variante ist anzuführen. Gerade, wenn es sich bei unserem Schuldner um eine Privatperson handelt, kommt auf die Frage: „Worum geht es?" die Antwort: „Es geht um eine Angelegenheit, die ich mit Herrn Dorn selbst besprechen möchte". So viel Heimlichtuerei verunsichert die Person am Telefon und womöglich auch den gewünschten Gesprächspartner. Wichtig ist, sich so knapp wie möglich und so umfassend wie nötig auszudrücken.

Beispiel:

Anrufer: „Es geht um die Rechnung vom 15. März dieses
Jahres."

6.2.4 Der zuständige Ansprechpartner ist im Moment nicht zu sprechen, was nun?

Der Ansprechpartner ist für uns im Moment nicht erreich-
bar. Es wäre naheliegend um einen Rückruf zu bitten.
Die Inkasso-Materie bringt es aber mit sich, dass ein
Rückruf in dieser Angelegenheit nicht besonders gerne
oder sogar überhaupt nicht ausgeführt wird. Es empfiehlt
sich deshalb den Versuch noch einmal zu wagen und
erneut anzurufen. Als Vorteil ist zu sehen, dass wir als
Anrufer, nicht zuletzt wegen des Überraschungseffekts,
die günstigere Ausgangslage haben.

Es ist nun die Frage zu stellen, wann der Ansprechpartner zu erreichen ist. Dabei ist darauf zu achten, dass die
Zeitspanne, in der unser Anruf erfolgen kann, nicht zu
kurz ist. Auf die Frage: „Wann ist Frau Reim wieder zu
sprechen?" kann durchaus die Antwort erfolgen: „Morgen
gegen 18 bis 19 Uhr". Es kann sein, dass in dieser kurzen Zeitspanne ein Anruf für uns nicht möglich ist. Der

größere Nachteil besteht aber darin, dass unser Ansprechpartner – vorausgesetzt er wurde informiert – zu einem ziemlich konkreten Zeitpunkt den Anruf erwartet und entsprechend vorbereitet ist. Es empfiehlt sich deshalb die Frage nach der Erreichbarkeit etwas unbestimmter zu halten.

Beispiel:

„Wann ist Frau Reim immer am besten zu erreichen?"

Eine Antwort könnte dann lauten: „Jeden Morgen so bis 12 Uhr". Unser Ansprechpartner weiß dann nicht genau an welchem Tag und zu welcher Uhrzeit wir anrufen.

6.2.5 Schon oft versucht, der Ansprechpartner ist nie zu sprechen

Trotz mehreren Anrufen, erreichen wir unseren Gesprächspartner nicht. Wir hören immer wieder Sprüche wie: „Herr Krüger ist im Moment nicht zu sprechen". Ist er wirklich im Moment nicht zu sprechen oder lässt er sich verleugnen? So genau wissen wir das nicht.

In einem solchen Falle müssen wir notgedrungen um einen Rückruf bitten. Die Wahrscheinlichkeit, dass unser Gesprächspartner diesen Rückruf tätigt, kann als sehr gering eingeschätzt werden. Deshalb sollte unserer Bitte einen gewissen Nachdruck verliehen werden.

Als Verstärkung bieten sich folgende Methoden an:

• Es ist anzugeben (Tag und Uhrzeit), bis wann der Rückruf erfolgen kann.

• Es ist die Bedeutung des Gesprächs für den gewünschten Gesprächspartner massiv hervorzuheben.

Beispiel:

Anrufer: „Herr Brunner muss mich bis kommenden Donnerstag, 18 Uhr angerufen haben. Sagen Sie ihm bitte auch noch, dass das Gespräch für ihn sehr (oder enorm) wichtig ist."

Als Verschärfung kann noch hinzugefügt werden:

„Wir müssen miteinander reden um Schlimmeres zu vermeiden."

Wenn unserer Bitte um Rückruf nicht entsprochen wird, kann nicht einfach wieder mit dem Telefonieren oder dem

Senden von Mahnschreiben begonnen werden, diese Bemühungen sind fruchtlos und außerdem zeigen wir zu sehr Schwäche. Vielmehr ist jetzt an weitereichende Maßnahmen (beispielsweise Mahnbescheid) zu denken.

6.3 So ein Glück, der Ansprechpartner ist am Telefon

6.3.1 Fragen, die am Gesprächsanfang zu stellen sind

Wenn wir unseren Gesprächspartner noch nicht kennen, mit ihm also noch nie gesprochen haben, empfiehlt sich die im Folgenden beschriebene Vorgehensweise:

Beispiel:

Anrufer: „Spreche ich mit Herrn Franz Lang?"
Gesprächspartner: „Ja"

Vorteile:
1. Viele Menschen nennen ihren Namen am Telefon sehr undeutlich. Wir klären mit dieser Frage die Identität des Gesprächspartners, d. h. wir

stellen fest ob, wir auch wirklich mit der gewünschten Person verbunden sind. Wenn unser
Gesprächspartner seinen Namen sehr deutlich
ausgesprochen hat, dann sollten wir lieber auf
diese Frage verzichten.

2. Es erfolgt das erste „ja" aus dem Munde unseres
Gesprächspartners. Durch jedes „ja" wird er gewissermaßen positiv programmiert. Mit jedem „ja"
kommt er uns persönlich näher.

In diesem Stil kann noch fortgefahren werden:

Beispiel:

Anrufer: „Herr Lang, Sie sind doch für die
                    Begleichung der Außenstände
                    zuständig?"
Gesprächspartner: „Ja, das bin ich."

Es empfiehlt sich dem Gesprächspartner am Gesprächsanfang nicht mehr als zweimal ein „ja" abzuringen.

6.3.2 Die Einstiegsformulierungen

Durch die Einstiegsformulierung gestalten wir grundlegend die Struktur des Gesprächs. Diese Einstiegsformulierung kann für unseren Zweck vorteilhaft oder weniger vorteilhaft sein.

1. Gesprächsausschnitt

Anrufer: „Guten Tag Frau Pechmann, wie geht es
        Ihnen ...?"

Kommentar:

- Eine solche Einstiegsformulierung lenkt zunächst von unserem Thema ab, den Schuldner zur Zahlung zu bewegen. Der Übergang zum eigentlichen Sachthema gestaltet sich danach meistens schwierig. Das Thema sollte ohne große Umschweife sofort angesprochen werden.

- Diese Formulierung setzt voraus, dass der Gesprächspartner einem schon bekannt oder vertraut ist.

2. Gesprächsausschnitt

Anrufer: „Entschuldigen Sie bitte, wenn ich Sie störe."

Kommentar:

- Der Gesprächspartner wird in den meisten Fällen von unserem Anruf überrascht, er wird auch oft aus seiner momentanen Arbeit herausgerissen. Die Folge: Seine Stimme wirkt abwesend bis ablehnend. Es ist nun wichtig, sich durch das zunächst negative Entscheinungsbild mit dem Unterton: „Du störst mich" nicht zu einer Entschuldigung hinreisen zu lassen. Solchen Formulierungen sind negativ geprägte Gesprächseinleitungen und bringen uns gegenüber dem Gesprächspartner gleich in eine „Untertanenrolle". Eine Rolle, die es uns schwer macht von ihm etwas einzufordern.

3. Gesprächsausschnitt

Anrufer: „Guten Morgen Herr Strauch! Herr Strauch, es geht um die Rechnung vom 15.8."

Kommentar:

- Diese Methode ist zu empfehlen. Menschen fühlen sich durch das Nennen ihres Namens direkt angesprochen und werden aufmerksam. Durch das Nennen des Namens des Schuldners wird dieser auf „Empfang" gebracht. Er hört uns dadurch genauer zu. Dieser Effekt kann verstärkt werden, indem der Name zweimal hintereinander genannt wird.
- Der Anrufer kommt ohne große Umschweife zum Thema. Diese direkte Art muss nicht unhöflich wirken.

6.3.3 Das Anliegen nennen

Nachdem wir uns vorgestellt und unseren Gesprächspartner begrüßt haben, sollten wir also gleich zu unserem Anliegen kommen.

1. Gesprächsausschnitt

Anrufer: „Herr Hübner, ich rufe Sie wegen der Rechnung vom 17.5. über 1.100,-- € an, die trotz Mahnung von Ihnen immer noch nicht bezahlt wurde."

Kommentar:

- Eine solche Ausdrucksweise kann von unserem Gesprächspartner als Schuldzuweisung empfunden werden. Ein ablehnendes, gegnerhaftes Verhalten kann die Folge sein.

2. Gesprächsausschnitt

Anrufer: „Frau Schramm, die Rechnung Nr. 15114 vom 20.11. über 2.100,-- € wurde noch nicht beglichen. Wann kann ich mit einer Zahlung rechnen?"

Kommentar:

- Bei einem hartnäckigen Schuldner, der bereits schon ohne Erfolg schriftlich gemahnt wurde, wird mit einer solchen milden Ausdrucksweise kaum ein Erfolg zu erzielen sein. Auf die Frage: „Wann kann ich mit einer Zahlung rechnen?" wird vom Schuldner gegebenenfalls ein Zahlungstermin genannt, der dann aller Wahrscheinlichkeit nach nicht eingehalten wird. Ein solches Gespräch ist dann zu oberflächlich, weil weder auf die Ursache eingegangen wird, noch eine Suche nach einer Lösung bei eventueller momentaner Zahlungsunfähigkeit erfolgt.

- Eine solche Ausdrucksweise ist dann angebracht, wenn unser Schuldner in Zahlungsverzug gekommen ist und wir aus diesem Grund anrufen, ohne dass zuvor eine Mahnung geschickt wurde. Es kann dann sein, dass unser Schuldner durchaus zahlungswillig ist. Vielleicht hat er das Begleichen der Rechung nur einfach übersehen bzw. vergessen. In diesem Fall sollten nicht gleich „schwere Geschütze in Stellung gebracht werden", d. h. es ist also nicht ratsam in dem Gespräch eine Zahlungsunwilligkeit oder Zahlungsunfähigkeit sofort zu unterstellen.

3. Gesprächsausschnitt

Anrufer: „Frau Schönfeld, es geht um die Rechnung vom 15.01. dieses Jahres. Sagen Sie mir doch bitte (schnell), auf welches unserer Konten Sie den Betrag von 4180,-- € überwiesen haben. Ich kann den Zahlungseingang nicht finden."

oder

Anrufer: „Frau Schönfeld, es geht um die Rechnung vom 15.01. dieses Jahres. Haben Sie uns einen Scheck geschickt oder haben Sie den Betrag von 4180,-- € auf unser Konto überwiesen? Ich kann den Zahlungseingang nicht finden."

Kommentar:

- Bei dem ersten Beispiel wird natürlich vorausgesetzt, dass dem Kunden für die Begleichung der Rechnung wahlweise mehrere unterschiedliche Konten zur Verfügung stehen.

- Bei dem ersten und bei dem zweiten Beispiel wird der Schuldner durch die Hintertür auf den noch ausstehenden Betrag aufmerksam gemacht. Diese sehr taktvolle Vorgehensweise empfiehlt sich besonders bei Kunden anzuwenden, die auf keinen Fall verärgert werden sollen. Dem Gesprächspartner wird das „sich aus der Affäre ziehen" leicht gemacht. Seine Antwort könnte lauten: „Oh, habe ich leider vergessen, es wird sofort überwiesen". Bei hartnäckigen Schuldnern könnte diese diplomatische Methode jedoch fruchtlos sein.

4. Gesprächsausschnitt

Anrufer: „Herr Kleinlein, es geht um die Rechnung vom 14. August über 940,-- €. Wir sollten miteinander kurz darüber reden, wie der noch ausstehende Betrag von Ihnen bezahlt werden kann."

Kommentar:

- Es wird neben dem Grund des Anrufes auch die Gesprächsabsicht genannt. Der Satzanfang: „Wir sollten miteinander ...." ist nur zu kameradschaftlich formuliert. Die Absicht ein Wir-Gefühl gleich am Gesprächsanfang aufzubauen ist nicht ratsam. Außerdem kann die Formulierung durch das Wort „sollten" als ein Wunsch aufgefasst werden, dem nicht unbedingt entsprochen werden muss. Dem Gesprächspartner wird eine Äußerung wie „Das finde ich nicht" geradezu in den Mund gelegt.

5. Gesprächsausschnitt

Anrufer: „Herr Mainrath, es geht um die noch nicht bezahlte Rechnung vom 17. Juni über 3420,-- €. Ich möchte mit Ihnen besprechen, wie diese Rechnung von Ihrer Firma beglichen werden kann.

Kommentar:

Diese Formulierung beinhaltet die Möglichkeitsform: „Ich möchte ....". Mit dieser Ausdrucksweise wird dem festen Willen eine Lösung zu besprechen nicht genügend Nachdruck verliehen.

6. Gesprächsausschnitt

Anrufer: „Frau Stoll, es geht um die noch nicht bezahlte Rechnung vom 3. März über 4850,-- €. Ich will mit Ihnen kurz besprechen, wann (und wie) diese Rechnung von Ihrer Firma beglichen werden kann.

Kommentar:

- Der Gesprächsabsicht wird durch die Ausdrucksweise: „Ich will mit Ihnen ..." ein gewisser Nachdruck verliehen. Durch die Worte „wann" und gegebenenfalls auch „wie" wird diese Frage noch zusätzlichen sehr präzise gestellt.

Hinweis:

Eine weitere, gut anwendbare Methode wird behandelt unter 6.7.1 Die Gesprächsbausteine, Abschnitt: Die grundlegenden Fragen stellen S. 67 ff.).

6.4 Die Reaktionen der Schuldner: „Ich habe schon gezahlt!", „Ich werde sofort zahlen!" Und „Ich habe einen Einwand!"

Wir rufen unseren Schuldner an, um ihn zur Zahlung zu bewegen und bekommen stattdessen Dinge von ihm zu hören, die uns teilweise sogar verwundern. Die uns sogar spontan zu Aussagen veranlassen wie: „Dann ist ja alles in Ordnung" oder „Dann muss ich eben auf die Zahlung noch warten". Manchmal verschlägt es uns auch glatt die Sprache.

Wichtig ist, dass in einem solchen Falle das Gespräch von uns nicht gleich abgebrochen und damit beendet wird. Wir sollten immer noch zusätzliche Informationen erfragen bzw. auf den vom Schuldner geäußerten Sachverhalt etwas genauer eingehen. Wenn auf unser Nachhaken nicht konkret, sondern sehr allgemein oder sogar aggressiv reagiert wird, handelt es sich oft um eine Abwehr- oder Hinhaltetaktik des Schuldners.

6.4.1 „Ich habe schon gezahlt!"

Unser Schuldner sagt beispielsweise: „Ich habe schon längst überwiesen, das haben Sie halt übersehen" oder „Ich habe erst vor kurzem überwiesen, das Geld kann noch nicht auf Ihrem Konto sein".

Die falsche Verhaltensweise darauf wäre, dem Schuldner sofort zu signalisieren, dass damit alles in Ordnung sei, sich gleich für den Anruf zu entschuldigen und sich dann auch noch zu bedanken.

Es sind sinngemäß die folgenden Fragen zu stellen:

1. Wann wurde gezahlt?
2. Wie wurde gezahlt (z. B. Überweisung auf das Konto)?
3. Welche Unterlagen können (in Form von Kopien) den Zahlungsvorgang belegen?

Wir leiten unsere Fragen mit einer Formulierung ein.

Beispiele:

- „Sagen Sie mir bitte ..."
- „Sagen Sie mir bitte schnell noch ..."

Wenn auf unsere Fragen zu allgemeine Auskünfte gegeben werden, vom Thema abgelenkt wird oder unser Schuldner aggressiv reagiert, handelt es sich mit hoher Wahrscheinlichkeit um eine Abwehr- oder Hinhaltetaktik.

Es bieten sich nun zwei Möglichkeiten an:

- Wir können einige Tage abwarten, um zu sehen ob der Schuldner zahlt. Bei Nichtzahlung kann er erneut angerufen werden um mit ihm ein richtiges Inkassogespräch zu führen.

- Wir können bei absoluter Unglaubwürdigkeit des Schuldners gleich in das richtige Inkassogespräch übergehen.

6.4.2 „Ich werde sofort zahlen!"

Der Schuldner äußert also auf unsere Bitte um Zahlung, dass er sofort, umgehend oder sehr bald den ausstehenden Betrag begleichen wird.

Nach einer solchen Aussage des Schuldners, ist es wichtig seine Zahlungsabsicht noch zu verstärken. Es empfiehlt sich deshalb eine konkrete Frage nach dem Zahlungseingang zu stellen.

Beispiele:
- „Kann ich in dieser Woche noch mit dem Zahlungseingang rechnen?"
- „Kann ich noch in dieser Woche oder Anfang nächster Woche mit dem Zahlungseingang rechnen?"

Wenn der Schuldner auf unsere Frage eine positive Antwort gibt, können wir als Verstärkung noch eine weitere

Frage hinterher schieben.

Beispiele:

- „Kann ich fest damit rechnen?"
- „Kann ich mich fest darauf verlassen?"

Zu oberflächlich wäre die Ausdrucksweise: „Ich verlasse mich auf Sie!"

Auf jeden Fall ist zu kontrollieren, ob der Schuldner sein Versprechen eingelöst und die Zahlung vorgenommen hat

Wenn der Schuldner dagegen keine genauere Antwort geben möchte, kann nicht ausgeschlossen werden, dass es sich um eine leere Versprechung handelt. Dieser Eindruck wird oft zusätzlich noch durch ein hektisches Verhalten des Schuldners, nach dem Motto: „Nur schnell das Gespräch beenden" unterstützt.

Bei nicht glaubwürdiger Zusage, sind dem Schuldner, ohne drohenden Unterton, diejenigen Konsequenzen aufzuzeigen, die bei weiterer Zahlungsverweigerung auf ihn zukommen.

6.4.3 Einwände, die immer wieder geäußert werden

Auf alle mehr oder weniger berechtigten Einwände, die unsere Kunden vorbringen, kann hier natürlich nicht erschöpfend eingegangen werden. Das Spektrum ist sehr vielfältig und würde vom Umfang her gesehen, den Rahmen sprengen. Im Nachfolgenden wird auf die typischen um nicht zu sagen klassischen Einwände eingegangen, die immer wieder vorkommen.

a) Es wurde noch nicht gezahlt, weil eine Reklamation bisher nicht erledigt ist

Falsche Verhaltensweise:

- Das Gespräch wird so schnell wie möglich mit einer Entschuldigung beendet.

  Beispiel:

  „Oh, das habe ich nicht gewusst. Bitte entschuldigen Sie den Anruf. Auf Wiederhören."

Richtige Verhaltensweise:

- Es ist keine Überraschung zu zeigen.
- Nach den Details der Reklamation ist zu fragen.

51

Beispiel:

„Können Sie mir das alles kurz schildern, damit ich dafür sorgen kann, dass die Reklamation sofort erledigt wird."

- Gibt der Schuldner über die Details der Reklamation bereitwillig Auskunft, ist anzunehmen, dass wirklich eine Reklamation vorliegt. Wird der Schuldner dagegen unsachlich und drückt sich nur sehr allgemein aus oder gibt sogar den Hinweis: „Das habe ich alles schon bei Ihrer Firma gemeldet", liegt die Vermutung nahe, dass es sich um eine vorgeschobene Reklamation handelt, mit dem Ziel, die Zahlung zu verzögern

- Der Reklamation des Schuldners ist auf jeden Fall in der eigenen Firma nachzugehen.

b) Es liegt bisher noch keine Rechnung vor

Falsche Verhaltensweise:

- Die Aussage des Schuldners wird von uns angezweifelt.

  Beispiel:

  „Ich weiß genau, dass Ihnen die Rechnung zugegangen ist."

Richtige Verhaltensweise:

- Nicht widersprechen, ein Streit ist zu vermeiden.
- Eine kurze Verwunderung ist zu zeigen.

  Beispiel:

  „Oh, das wusste ich nicht."

- Die Rechnung ist dem Schuldner so schnell wie möglich zu übermitteln.

  Oft ist es sogar möglich, dem Schuldner die Rechnung noch während des Gesprächs zu faxen oder per E-Mail zu senden.

- Es ist zu prüfen, ob der Schuldner diesmal die Rechnung (gegebenenfalls Zweitschrift) erhalten hat.

c) Die Leistung ist soviel Geld nicht Wert

Die erbrachte Leistung ist nach Auffassung des Schuldners den vereinbarten Rechnungsbetrag nicht wert. Der Schuldner will nach erbrachter Leistung, nachträglich noch einmal in das Preisgespräch einsteigen.

Beispiel:

Der Mandant eines Steuerberaters bemängelt, dass die Rechnung im Verhältnis zu seiner Steuerrückvergütung durch das Finanzamt zu hoch sei.

Verhaltensweise:

- Die erbrachte Leistung ist in aller Ruhe und Sachlichkeit zu schildern.

- Dem Kunden ist unmissverständlich klar zu machen, dass die Bezahlung nicht vom erzielten Resultat abhängig ist, sondern von der erbrachten Leitung.

- Auf die Zahlung der Rechnung in der vorgegebenen Höhe ist zu bestehen.

  Beispiel:

  „Sie wollen doch auch für Ihre Arbeit gerecht bezahlt werden, oder?"

  Wenn Zugeständnisse gemacht werden, könnte es sein, dass der Kunde jedes Mal nach einer erbrachten Leistung das Handeln anfangen möchte.

- Für zukünftige Leistungen kann eventuell eine Preisreduzierung in Aussicht gestellt werden.

d) Ein organisatorisches Problem verzögert die Zahlung

Es werden organisatorische Probleme für den Zahlungsverzug genannt, wie beispielsweise eine technische Umstellung in der Buchhaltung.

Verhaltensweise:

- Die Glaubwürdigkeit ist einzuschätzen.
- Wenn die Äußerungen des Kunden glaubwürdig klingen, sollte im beiderseitigen Einvernehmen ein Zahlungstermin festgelegt werden. Ist dies nicht möglich, dann sollte der Schuldner von Zeit zu Zeit angerufen werden.
- Wenn die Äußerungen des Kunden **nicht** glaubwürdig klingen, ist auf die baldige Zahlung zu bestehen.

6.5 So dürfen Inkassogespräche nicht verlaufen!

6.5.1 Das Gesprächsbeispiel und die kritische Würdigung

Telefonzentrale der Firma Klughardt:	„Guten Tag, Spannwerkzeuge Klughardt!"
Herr Meisner:	„Meisner, Firma Multimax. Ich habe

	da ein Problem. Meine Firma hat vor vier Monaten eine Rechnung gestellt, die immer noch nicht bezahlt wurde. Ich möchte mal fragen, was da los ist."
Telefonzentrale der Firma Klughardt:	„Da gebe ich Ihnen gleich mal unsere Frau Sorg, sie ist für solche Angelegenheiten zuständig. Einen Moment bitte ich verbinde."
Frau Sorg:	„Buchhaltung, Marlene Sorg"
Herr Meisner:	„Meisner, Firma Multimax Frau Sorg, ich habe da eine eher unerfreuliche Angelegenheit auf dem Herzen."
Frau Sorg:	„So?"
Herr Meisner:	„Laut den Unterlagen ist die Rechnung-Nr. 002175 vom 12. März über 2.854,-- € von Ihnen noch nicht bezahlt worden. Trotz mehreren Mahnungen wurde es bisher von Ihnen noch nicht als notwendig empfunden (leicht aggressiver Unterton), den aus- stehenden Betrag zu bezahlen.

Frau Sorg:	„Einer unserer besten Kunden ist in Insolvenz gegangen und wir haben dadurch schließlich einen großen Verlust zu verschmerzen. Es ist wohl kaum unsere Schuld, wenn einer in Insolvenz geht."
Herr Meisner:	„Das ist sicherlich sehr bitter für Sie, doch in einem sind wir uns wohl einig, Schulden sind zu bezahlen."
Frau Sorg:	„Uns fehlt das Geld. Wie gesagt, wir haben im Moment einen großen finanziellen Verlust zu verschmerzen."
Herr Meisner:	„Sie wollen uns wohl mit in die Tiefe ziehen."
Frau Sorg:	„Wir können im Moment nicht zahlen, bald sieht es sicher etwas besser aus."
Herr Meisner	„Ich kann Ihnen nur raten: Schauen Sie, dass Sie möglichst bald das Geld auftreiben. Denn, wenn Sie nicht innerhalb der nächsten zwei Wochen zahlen, werde ich die Angelegenheit einem Inkasso-Unter-

> nehmen übergeben."
>
> Frau Sorg: „Das ist ja furchtbar!"
>
> Herr Meisner: „Auf Wiederhören."
>
> (Damit ist das Gespräch beendet.)

Dieses Praxisbeispiel mag für so manchen Leser überzogen klingen. Das liegt sicher daran, weil dieses Beispiel gleich mehrere Gesprächsfehler aufweist.

Wo liegen die Fehler?

1. Fehler

Gesprächsausschnitt:

> Herr Meisner: „Laut meinen Unterlagen ist die Rechnung-Nr. 002175 vom 12. März über 2.854,-- € von Ihnen noch nicht bezahlt worden. **Trotz mehreren Mahnungen wurde es bisher von Ihnen noch nicht als notwendig empfunden, den ausstehenden Betrag zu bezahlen."**
>
> Frau Sorg: **„Einer unserer besten Kunden ist in Insolvenz gegangen und wir**

> **haben dadurch schließlich einen**
> **großen Verlust zu verschmerzen.**
> **Es ist wohl kaum unsere Schuld,**
> **wenn eine in die Insolvenz geht.“**

Durch eine (zu starke) Schuldzuweisung wird beim Gesprächspartner mehr oder weniger automatisch ein Rechtfertigungszwang ausgelöst, der dann im Laufe des Gesprächs zur Auseinandersetzung führt.

2. Fehler

Ein aggressives Verhalten fördert die Gegnerschaft. Andererseits sollte der Anrufer aber auch nicht gegenüber einem Schuldner, der schon mindestens eine Mahnung ignoriert hat, einen zu freundlichem Ton anschlagen. Empfehlenswert ist ein korrektes, bestimmendes, den anderen akzeptierendes Auftreten.

3. Fehler

Gesprächsausschnitt:

Herr Meisner: „Ich kann Ihnen nur raten: Schauen Sie, dass Sie möglichst bald das Geld auftreiben. Denn wenn Sie nicht innerhalb der nächsten zwei Wochen zahlen, werde ich die Angelegenheit einem Inkasso-Unternehmen übergeben."

Es wird nicht einmal der Versuch einer gemeinsamen Lösungsfindung unternommen. Dies ist auch so gut wie nicht möglich, wenn das Gespräch fast nur aus Argument und Gegenargument, verbunden mit negativen Emotionen, besteht. Stattdessen wird, um den Widerspruchsgeist des Gesprächspartners zu brechen, mit Nachdruck die Zahlung gefordert und einseitig ein Termin gesetzt sowie für den Fall der Nichteinhaltung mit Konsequenzen gedroht.

6.5.2 Der Teufelskreis im Inkassogespräch

Immer wieder lässt sich im Inkassogespräch die folgende Struktur feststellen, die sehr vereinfacht aber eindeutig im Nachfolgenden geschildert wird:

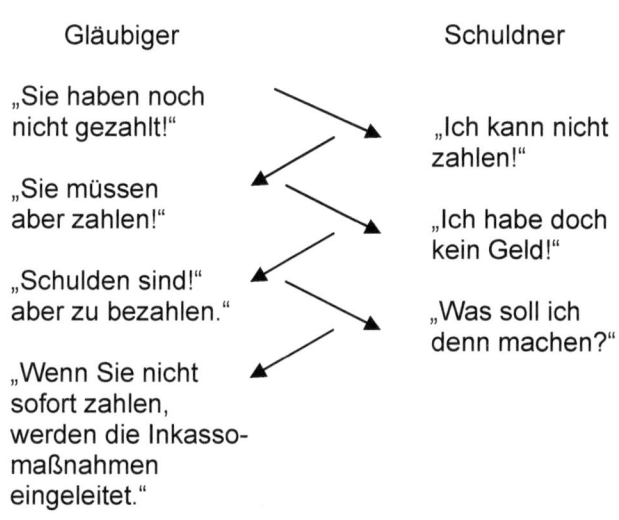

Gläubiger — Schuldner

„Sie haben noch nicht gezahlt!"

„Ich kann nicht zahlen!"

„Sie müssen aber zahlen!"

„Ich habe doch kein Geld!"

„Schulden sind!" aber zu bezahlen."

„Was soll ich denn machen?"

„Wenn Sie nicht sofort zahlen, werden die Inkasso-maßnahmen eingeleitet."

Welches Spiel wird gespielt?

Das Ping-Pong-Spiel. Dies bedeutet, dass sinnbildlich gesprochen, der Ball immer hin und her gespielt wird. Der Gläubiger greift im Gespräch immer an, der Schuldner wehrt ständig ab. Das geht so lange, bis der Gläubiger den ständigen Widerspruch nicht mehr ertragen kann oder nicht mehr ertragen will. Um das Gespräch zu beenden, droht dann der Gläubiger mit in der Regel zu harten Konsequenzen.

Wie sieht das Resultat aus?

Die Gesprächspartner schaukeln sich gegenseitig in die Aggressionen hinein; Verärgerung auf beiden Seiten ist die Folge. Es kommt zum Gesprächsabbruch ohne Resultat.

6.6 Worauf bei dem Führen von Inkassogesprächen am Telefon besonders zu achten ist

a) Gleich am Gesprächsanfang ist dem säumigen Zahler deutlich zu machen, dass eine Lösung, eine verbindliche Zusage angestrebt wird.

b) Ein Streitgespräch mit dem Schuldner ist zu vermeiden. Dadurch wird die Lösungsfindung erschwert oder sogar unmöglich gemacht.

c) Auf Abblockformulierungen des Schuldners und Äußerungen von ihm, die uns von dem Gesprächsziel abbringen, ist nicht einzugehen.

Beispiele:

- „Haben Sie nur noch ein wenig Geduld, ich werde schon zahlen."

- „Meine Firma ist in einer so schwierigen Lage und Sie wollen unbedingt Ihr Geld. Ein bisschen Verständnis kann doch wohl verlangt werden."

d) Die Konsequenzen, die dem Schuldner bei weiterer Zahlungsverweigerung drohen, sind in einer Weise auszudrücken, dass sie zum Einlenken bewegen und nicht erst recht eine Auseinandersetzung entfachen oder sogar zum Abbruch des Gesprächs führen.

e) Eine Lösung ist zu besprechen, gegebenenfalls ist auch auf die Hintergründe für die Verschleppung der Zahlung einzugehen.

f) Die Lösung, das Ergebnis ist gegen Gesprächsende verbal zu verstärken, noch einmal deutlich herauszustellen.

g) Das Gespräch sollte ohne negativen Beigeschmack beendet werden.

6.7 Der Anruf bei unserem Schuldner: Der Gesprächsleitfaden

Das Gesprächsverhalten unseres Schuldners am Telefon wird sich wohl kaum ganz konkret im Voraus erfassen lassen. Das Gespräch lässt sich deshalb nicht in allen Einzelheiten planen und kann somit auch nicht wie im Bilderbuch ablaufen. Es gibt aber im Groben gesehen Erfahrungswerte über die Schuldnerverhaltensweisen.

Die nachfolgenden Gesprächsbausteine sind Empfehlungen und sind nicht vollkommen starr und konsequent „durchzuziehen". Vielmehr sollen sie dazu beitragen, schwierige Momente im Inkassogespräch gut zu überwinden und das Ziel: „Der Schuldner soll jetzt zahlen, wir brauchen eine Lösung" nicht aus den Augen zu verlieren. Wichtig ist, um eine Zahlung bzw. Lösung zu erreichen, dass wir unserem Schuldner gegenüber als Partner auftreten und keinesfalls als Gegner. Ein Gegner will den anderen bekämpfen und lässt sich deshalb wohl kaum zu einem gewünschten Verhalten beeinflussen.

Die Gesprächsbausteine

a) Der Gesprächseinstieg

    1. Den Gesprächsgegenstand nennen

    2. Die grundlegenden Fragen stellen

    3. Die Zusammenarbeit signalisiere

b) Den Schuldner auf den Gesprächsinhalt fixieren

c) Die Konsequenzen ins Spiel bringen

    1. Auf Konsequenzen aufmerksam machen

    2. Die Konsequenzen schildern

d) Die Lösung ins Auge fassen

    1. Einen Lösungsvorschlag unterbreiten

    2. Die Schuldnermotivation

e) Die Einigung

    1. Das Gesprächsergebnis untermauern

    2. Das Gesprächsergebnis positiv verstärken

6.7.1 Die Gesprächsbausteine

a) Der Gesprächseinstieg

1. Den Gesprächsgegenstand nennen

Dem Schuldner ist sofort nach der gegenseitigen Begrüßung deutlich und unmissverständlich mitzuteilen, worum es geht.

Beispiele:

- „Es geht um die Rechnung-Nr. 2743 vom 12. Februar, die noch nicht beglichen wurde."
- „Ich rufe Sie wegen der noch ausstehenden Rechnung-Nr. 193457 vom12. Februar an."

1. „Den Gesprächsgegenstand nennen" sollte nahtlos in 2. „Die grundlegenden Fragen stellen" übergehen. Wenn eine Pause entsteht, die es unserem Schuldner möglich macht, unsere Ausführungen schnell zu unterbrechen, haben wir es oft schwieriger zum Kern unseres Anliegens zu kommen. Zu diesem Zeitpunkt sollte also nach Möglichkeit keine Unterbrechung durch unseren Schuldner erfolgen.

2. Die grundlegenden Fragen stellen

Durch zwei Fragen, die kurz hintereinander gestellt werden, binden wir den Schuldner an unser Thema. Wichtig ist, die Fragen so zu stellen, dass eine Beantwortung mit „ja" oder „nein" **nicht** möglich ist.

Methode:

Ursachen-Frage + Wann-Frage

Beispiele:

- „Woran liegt es und wann ist mit einer Zahlung zu rechnen?"
- „Ich will von Ihnen erfahren, aus welchem Grund die Rechnung noch nicht bezahlt wurde und wann mit der Begleichung zu rechnen ist?"
- Mich interessiert es, aus welchem Grund sich die Bezahlung der Rechnung verzögert und wann mit der Begleichung zu rechnen ist?

Ursachenfrage: „Woran liegt es ...

Wann-Frage: ... und wann ist mit einer Zahlung zu rechnen?"

Der Satz beinhaltet jeweils zwei Fragen. Die zweite Frage hat nicht die Bedeutung wie die erste Frage. Während die Erste den Kern der Problematik trifft und oft als sehr direkt und als reine Neugierde empfunden wird, dient die zweite Frage vor allem dazu, die Provokation, die durch die vorangegangene Frage ausgelöst werden kann, gesprächstechnisch abzuschwächen.

Die darauf folgenden Ausführungen des Schuldners können von uns zusammengefasst aber auch kommentiert werden; einfach nur zuhören und ab und zu ein Signal nach dem Motto „Ich bin noch am Telefon" von sich geben, ist auch eine Lösung.

Oft kommen wir gar nicht richtig zu unserer zweiten Frage. Wir werden unterbrochen und müssen uns ein Schicksal nach dem Motto anhören „Wir haben im Moment kein Geld weil ...". Ein solcher Gesprächsauftakt bietet natürlich gute Chancen für das Unterbreiten eines Lösungsvorschlags. Der Lösungsvorschlag darf aber von uns nicht zu früh kommen. Vor allem bei Privatpersonen kann es sein, dass der Schuldner noch in seiner „Welt der Probleme" steckt und für Problemlösungen geistig noch nicht sofort ansprechbar ist. In einem solchen Falle ist es empfehlenswert den Gesprächspartner noch etwas zuzuhören. Diese Prozedur darf natürlich nicht ewig dauern.

Andere Schuldner wollen dagegen die erste Frage nach der ausgebliebenen Zahlung regelrecht überhören und denken uns mit Worten wie „Sie bekommen bald Ihr Geld" abspeisen zu können. Eine solche Antwort klingt nach einer Hinhaltetaktik. Jetzt ist es wichtig die Thematik zu vertiefen.

Beispiel:

- „Es wird ja Gründe dafür geben, dass die Rechnung noch nicht bezahlt wurde. Diese Gründe will ich jetzt von Ihnen hören."

Einschränkung: Falls die erste Frage, die Ursachen Frage z. B: „Woran liegt es ..." für den einen oder anderen Schuldner als zu aufdringlich oder zu konfliktorientiert angesehen wird, muss sie notgedrungen weggelassen werden. Dieses Vorgehen ist aber nur als Notlösung anzusehen und ist bei hartnäckigen Schuldnern wenig erfolgreich.

3. Die Zusammenarbeit signalisieren

Falls der Schuldner mehr oder weniger verzweifelt zum Ausdruck bringt, dass er keine Möglichkeit sieht den Betrag zu zahlen, sollten wir unsere Bereitschaft zur Lösungsfindung deutlich herausstellen.

Beispiele:

- „Ich rufe Sie ja deshalb an, um mit Ihnen eine Lösung zu besprechen."
- „Ich will ja deswegen mit Ihnen eine Lösung finden, die wir beide akzeptieren können."

b) Den Schuldner auf den Gesprächsinhalt fixieren

Der Schuldner kann uns auf die beiden Fragen durchaus eine vernünftige Antwort geben.

Genauso kann er – wie bereits beschrieben - auch ein Abwehrverhalten an den Tag legen oder mehr oder we-

70

niger ausführlich seine momentan schlechte finanzielle Situation beschreiben. Wichtig ist jetzt, dass wir nicht in sein „Fahrwasser" geraten. Denn wenn wir jetzt auf seine Erzählungen eingehen, bestimmt er den Gesprächsablauf, der sich in der Regel nicht an unserer Interessenslage orientiert. Wichtig ist, sofern der Schuldner keine ernst zu nehmende Lösung vorschlägt, das Ziel nicht aus den Augen zu verlieren. Es ist also wichtig, sein Ablenkungsmanöver zu ignorieren und das Gespräch in unserem Sinne weiterzuführen.

Wir gehen bewusst auf unser Thema ein und fragen dabei unseren Schuldner, was aus seiner Sicht einer Lösungsfindung im Wege steht.

Methode:

Anrede + Frage stellen + Antwort selbst geben

Beispiel:

- „Frau Schwarz, was spricht dagegen eine Zahlungsmöglichkeit jetzt zu besprechen? Sicherlich doch nichts."

Anrede:	„Frau Schwarz, ...
Frage stellen:	... was spricht dagegen eine Zahlungsmöglichkeit jetzt zu besprechen?
Antwort selbst geben:	Sicherlich doch nichts."

Die Bedeutung dieser Bausteine:

1. Anrede

   Durch die persönliche Anrede wird der Gesprächspartner aktiviert.

2. Frage stellen

   Unser Schuldner wird nach seinem Widerstand gefragt. Wichtig ist, dass diese Frage mit einem W-Wort beginnt. Sätze mit W-Worten haben eine gewisse provozierende Wirkung, die Aufmerksamkeit erzeugt.

3. Antwort selbst geben

   Wir warten nicht die Antwort unseres Schuldners ab, sondern geben in einem ganz selbstverständlichen Ton eine für uns positive Antwort.

Die Methode, erst eine Frage mit einem W-Wort stellen und dann selbst die Antwort geben, ist gut dafür geeignet, den Widerspruchsgeist unseres Gesprächspartners entgegenzuwirken oder sogar abzutöten.

c) Die Konsequenzen ins Spiel bringen

1. Auf Konsequenzen aufmerksam machen

Sofern unser Schuldner noch nicht einlenkt und somit in unserem Sinne noch nicht gesprächsbereit ist, sollte er darauf aufmerksam gemacht werden, dass wir sein Verhalten nicht länger tolerieren.

Oft empfiehlt es sich in diesem Gesprächsstadium noch nicht die drohenden Konsequenzen im Detail zu schildern, weil dies zur Aggression, Verhärtung der Fronten und zum Gesprächsabbruch führen kann.

Methode:

Konsequenzen + Vermeidung in
ankündigen   Aussicht stellen

Beispiel:

- „Wenn wir heute keine Lösung finden, kommen eine Menge Unannehmlichkeiten auf Sie zu. Die können wir jetzt noch vermeiden."

Konsequenzen
Ankündigen: „Wenn wir heute keine Lösung finden, kommen eine Menge Unannehmlich- keiten auf Sie zu.

Vermeidung in
Aussicht stellen: Die können wir jetzt noch vermeiden."

2. Die Konsequenzen schildern

Es kann sein, dass unser Schuldner von der Ankündi- gung der Konsequenzen unbeeindruckt bleibt, sie be- wusst überhört oder sogar wissen will, was ihn erwartet. In solchen Fällen müssen wir die zu erwartenden Konse- quenzen schildern.

Negatives Beispiel:

„Wenn Sie nicht innerhalb der nächsten Woche zahlen, übergebe ich die Angelegenheit einem Rechtsanwalt."

Leicht überspitzt ausgedrückt, ist jemand, der eine Drohung ausspricht ein böser Mensch. Mit einem bösen Menschen ist aber eine Einigung nur sehr schwer möglich. Deshalb empfiehlt es sich deutlich zu machen, dass die Konsequenzen für den Schuldner am liebsten vermieden werden.

Methode:

Vermeidungs- + Konsequenzen + verstärkende
absicht   Aussage

Beispiel:

- „Ich will (eigentlich) verhindern, dass die Angelegenheit einem Rechtsanwalt übergeben und dann das gerichtliche Mahnverfahren eingeleitet wird. Dann kämen sicherlich einige Unannehmlichkeiten auf Sie zu.

Vermeidungsabsicht: „Ich will (eigentlich)
                                       verhindern, ...

Konsequenzen: ... dass die Angelegenheit einem Rechtsanwalt übergeben
                                       und dann das gerichtliche
                                       Mahnverfahren eingeleitet wird.

verstärkende Aussage: Dann kämen mit Sicherheit einige Unannehmlichkeiten auf Sie zu."

Bei der Formulierung der „verstärkenden Aussage" ist bewusst die Möglichkeitsform zu wählen, um eine zu starke provozierende Wirkung zu vermeiden.

d) Die Lösung ins Auge fassen

1. Einen Lösungsvorschlag unterbreiten

Selbstverständlich besteht die Möglichkeit, unseren Gesprächspartner nach einer Zahlungsmöglichkeit zu fragen. Ein Beispiel soll dies verdeutlichen:

- „Gibt es für Sie eine Möglichkeit den ausstehenden Betrag, sagen wir einmal in einer Woche, zu zahlen?"

Diese Formulierung hat den Nachteil, pathetisch ausgedrückt, dass der Gläubiger sein Schicksal in der Hände des Schuldners legt.

Die bessere Möglichkeit wäre, unserem Schuldner selbst einen konkreten Vorschlag zu unterbreiten.

Diese Formulierungsweise hat sich in der Praxis bewährt:

Methode:

Angebot + aktivierende + Suggestivfrage
unterbreiten **Frage**

Beispiele:

- „Wir können eine monatliche Ratenzahlung mit fünf gleichen Beträgen vereinbaren. Was halten Sie davon? Wir können uns doch sicher darauf einigen?"

- „Ich biete Ihnen an, innerhalb der nächsten Woche zunächst 500,-- € zu zahlen und den Rest von 1000,-- € in zwei Monaten. Was halten Sie von diesem Vorschlag? Wir können uns doch darauf verständigen?"

Angebot unterbreiten: „Wir können eine monatliche Ratenzahlung mit fünf gleichen Beträgen vereinbaren.

aktivierende Frage: Was halten Sie davon?

Suggestivfrage: Wir können uns doch sicher darauf einigen?"

Nach der aktivierenden Frage sollte nicht die Antwort des Schuldners abgewartet werden. Die Suggestivfrage ist, ohne Pause, gleich im Anschluss zu stellen.

2. Die Schuldnermotivation

Wenn der Schuldner keine Äußerung von sich gibt, die uns eine Gelegenheit bietet einen Lösungsvorschlag zu unterbreiten, müssen wir ihn zwingen bzw. dazu bringen sich selbst mit einer Lösung zu befassen.

Das geeignete Gesprächsmuster kann in unterschiedlicher Stärke bis hin zum Zwang ausgedrückt werden.

Methode:

Anrede + Problemlösungsfrage

Beispiele:
(nach Stärke der Aussage gegliedert)

- „Frau Schwarz, welche Lösung schlagen Sie denn vor?"

- „Herr Möning, was schlagen Sie vor, um die Angelegenheit einvernehmlich zu beenden?"
- „Herr Willig, wie kann Ihrer Meinung nach eine Lösung aussehen, um den angekündigten Konsequenzen in letzter Minute noch zu entgehen?"
- „Herr Schmaus, wie können wir uns einigen, um das drohende gerichtliche Mahnverfahren von Ihnen abzuwenden?"

Anrede: „Frau Schwarz, ...
Problemlösungsfrage: ... welche Lösung schlagen Sie vor?"

e) Die Einigung

1. Das Gesprächsergebnis untermauern

Wenn der Schuldner unseren Vorschlag akzeptiert oder selbst eine Lösung nennt, die in unserem Sinne ist, müssen wir dieses Ergebnis absichern. Das Ergebnis absichern bedeutet nicht nur, dass wir unser Einverständnis geben, sondern auch den Versuch unternehmen, das Ergebnis im Geiste unseres Schuldners fest zu verankern. Wir wollen ja schließlich, dass er sich an die Abmachungen hält.

Methode:

positiver Verstärker + Einverständnis geben +
Lösung zusammenfassen + Zustimmung einholen

Beispiel:

- Das ist gut, damit bin ich einverstanden. Wir vereinbaren also eine Ratenzahlung von fünf Raten. Den entsprechenden Vertrag sende ich Ihnen heute noch zu. Sie senden ihn umgehend unterschrieben zurück. Die erste Rate von 900,-- € überweisen Sie uns bis spätestens nächste Woche. Ist das so richtig?"

positiver Verstärker:	„Das ist gut, ...
Einverständnis geben:	... damit bin ich einverstanden.
Lösung zusammenfassen:	Wir vereinbaren also eine Ratenzahlung von fünf Raten. Den entsprechenden Vertrag sende ich Ihnen heute noch zu. Sie senden

	ihn umgehend unter-
	schrieben zurück. Die ers-
	te Rate von 900,-- € über-
	weisen Sie uns bis spätes-
	tens nächster Woche.
Zustimmung einholen:	Ist das so richtig?"

Der Schuldner wird in der Regel den Sachverhalt bestätigen.

2. Das Gesprächsergebnis positiv verstärken

Damit sich das Gesprächsergebnis in das Unterbewusstsein unseres Gesprächspartners noch tiefer einprägt, müssen wir das Gesprächsergebnis positiv verstärken. Dieses positiv Verstärken bedeutet verklausuliert: „Ich verlasse mich auf Sie".

Methode:

positiver Verstärker + in die Pflicht nehmen

Beispiel:

- „Das ist gut, Sie überweisen dann die erste Rate

bis spätestens nächste Woche."

positiver Verstärker: „Das ist gut, ...
in die Pflicht nehmen: ... Sie überweisen dann die
erste Rate bis spätestens
nächste Woche."

Dieser Satz soll in einer Stimmlage vorgebracht werden, die zum Ausdruck bringt: „Lassen Sie mich nicht in Stich!" Der Schuldner wird darauf sicherlich mit „ja" antworten.

Es ist der Selbe positive Verstärker zu benutzen wie bei **Das Gesprächsergebnis untermauern**.

Noch zwei Anmerkungen:

1. Nach erreichter Lösung wird der Schuldner wohl kaum große Begeisterung zeigen. Viele Schuldner erreichen durch ihre Art ein schlechtes Gewissen beim Gläubiger. So kann es vorkommen, dass sich nach dem Telefongespräch der Anrufer Vorwürfe macht: „Ich hätte ihn doch nicht so hart anpacken

sollen". Solche Gedanken müssen ganz schnell aus dem Kopf verschwinden.

2. Jede Vereinbarung, die mündlich mit dem Schuldner getroffen wird, ist schriftlich zu bestätigen.

6.7.2 Der Ablaufplan: Der Gesprächsleitfaden im Überblick

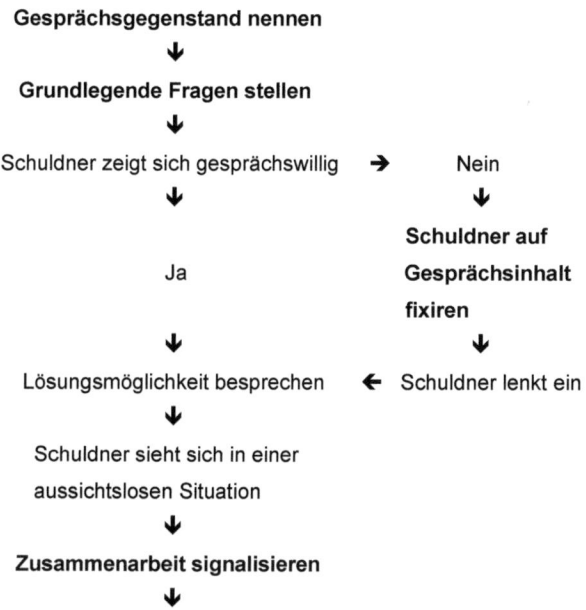

Gesprächsgegenstand nennen
↓
Grundlegende Fragen stellen
↓
Schuldner zeigt sich gesprächswillig ➔ Nein
↓

Ja → **Schuldner auf Gesprächsinhalt fixiren**

↓ → ↓
Lösungsmöglichkeit besprechen ← Schuldner lenkt ein
↓
Schuldner sieht sich in einer aussichtslosen Situation
↓
Zusammenarbeit signalisieren
↓

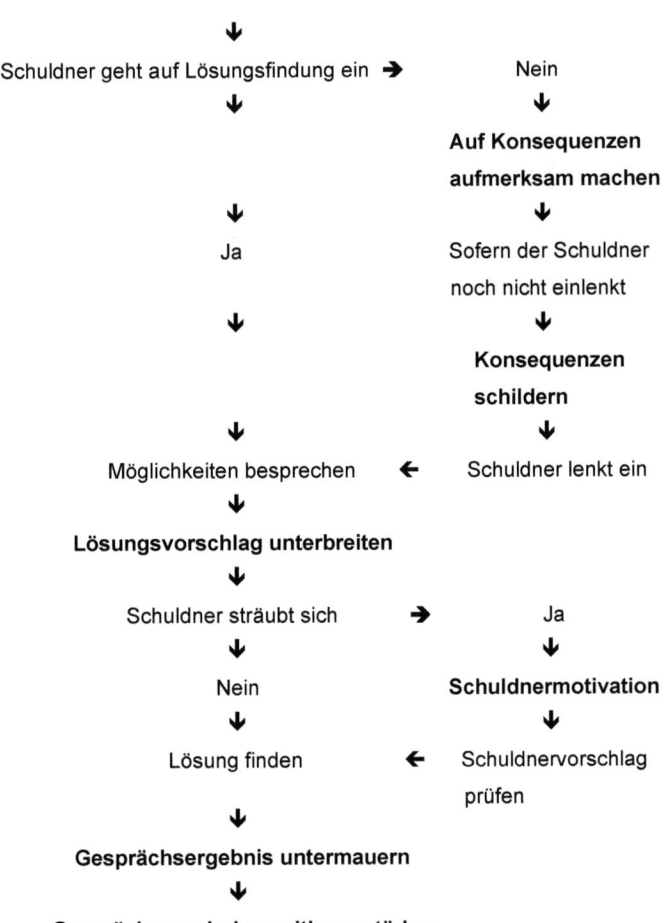

↓

Schuldner geht auf Lösungsfindung ein ➜   Nein

↓   ↓

                                **Auf Konsequenzen
aufmerksam machen**

↓   ↓

Ja   Sofern der Schuldner
noch nicht einlenkt

↓   ↓

                                  **Konsequenzen
schildern**

↓   ↓

Möglichkeiten besprechen ⬅ Schuldner lenkt ein

↓

Lösungsvorschlag unterbreiten

↓

Schuldner sträubt sich   ➜   Ja

↓   ↓

Nein   **Schuldnermotivation**

↓   ↓

Lösung finden   ⬅ Schuldnervorschlag
prüfen

↓

Gesprächsergebnis untermauern

↓

Gesprächsergebnis positiv verstärken

6.7.3 Die Übung zum Gesprächsleitfaden

Um etwas Routine in der besprochenen Materie zu bekommen, ist die folgende Übung vorgesehen. Die einzelnen Gesprächsbausteine (Methoden), die anzuwenden sind, werden genannt. Der Text ist dann entsprechend den Empfehlungen selbst zu formulieren. Eine Musterlösung ist zum Vergleich danach beigefügt.

Die Übung

Der Gläubiger Dirk Hopf von der Firma AFZ ruft seinen Schuldner Herrn Liebel an, der mit einer Zahlung von 780,-- € schon drei Monate im Rückstand ist. Er will ihn zur baldigen Zahlung bewegen. Versetzen Sie sich bitte in die Person von Herrn Hopf.

Methode:

Herr Liebel: „Liebel, guten Tag."

Begrüßen
und
Gesprächs-
gegenstand

Herr Hopf: _____

_____

_____

_____

nennen

_____

_____

_____

_____

Herr Liebel: „Das kann schon sein."

Grund-   Herr Hopf: _____
legende
Fragen   _____
stellen
                                _____

                                _____

                                _____

                                _____

                                _____

                                _____

Herr Liebel: „Sie wissen es doch schon, mir
              geht es finanziell nicht gut. Ich
              kann im Moment nicht alle
              Rechnungen bezahlen. Lassen
              Sie mich bloß mit Ihrer Anrufe-
              rei in Ruhe. Wenn ich wieder
              Geld habe zahle ich schon."

Auf den Gesprächs-inhalt fixieren

Herr Hopf: _____

_____

_____

_____

_____

_____

_____

_____

Herr Liebel: „Das hat doch kaum einen Zweck denn im Moment ist gar nichts möglich. Ich schlage als Lösung vor, dass Sie mir den Betrag einen Monat stunden."

Auf Konse-quenzen auf-merksam machen

Herr Hopf: _____

_____

_____

_____

_____

_____

_____

_____

_____

Herr Liebel: „Sie wollen mir wohl noch Angst einjagen. Das ist aber nicht gerade rücksichtsvoll. Etwas mehr Nachsicht kann wohl in einer für mich so schwierigen Situation verlangt werden."

Zusammenarbeit signalisieren

Herr Hopf: _____

_____

_____

_____

_____

Herr Liebel: „Ich höre immer nur von Ihnen: Lösung finden. Verärgern Sie mich bloß nicht, Sie haben schließlich in der Vergangenheit ganz schön an mir verdient."

(Konsequenz: Mahnbescheid)

Konsequenzen schildern

Herr Hopf: _____

_____

_____

_____

_____

_____

_____

_____

Herr Liebel: „Ich höre wohl nicht richtig, Sie wollen mir einen Mahnbescheid schicken. Ich komme aus den Schwierigkeiten sowieso nicht mehr raus. Was soll ich denn machen, ich kann den Betrag von 780,-- € im Moment nicht zahlen."

(Lösungsvorschlag:
zehn Raten zu je 78,-- €)

Lösungs-   Herr Hopf: _____

vorschlag _____

unterbreiten _____

_____

_____

_____

_____

_____

_____

_____

_____

Herr Liebel: „Sie sagen zehn Raten. Na ja, 78,-- €. Das ist aber die absolute Schmerzgrenze für mich. In Ordnung, darauf kann ich mich gerade noch einlassen.

Gesprächs-   Herr Hopf: _____
ergebnis
untermauern   _____

_____

_____

_____

_____

_____

_____

_____

_____

_____

_____

_____

_____

_____

_____

Herr Liebel: „Können wir."

Gesprächs- Herr Hopf: _____

ergebnis   _____

positiv   _____

verstärken   _____

_____

_____

Herr Liebel: „Ja, das mache ich."

Herr Hopf: „Dann ist ja alles in Ordnung.
Auf Wiederhören, Herr Liebel."

Herr Liebel: „Wiederhören."

Die Auflösung der Übung (Musterlösung)

Methode:

Herr Liebel: „Liebel, guten Tag."

Begrüßen und Gesprächsgegenstand nennen	Herr Hopf:	„ Mein Name ist Dirk Hopf von der AFZ, guten Tag Herr Liebel. Herr Liebel ich habe gerade festgestellt, dass Sie mit Ihren Zahlungen von insgesamt 780,-- € drei Monate im Rückstand sind."

Herr Liebel: „Das kann schon sein."

Grundlegende Fragen stellen	Herr Hopf:	„Woran liegt es und wann kann mit einer Zahlung gerechnet werden?"

Herr Liebel: „Sie wissen es doch schon, mir geht es finanziell nicht gut. Ich kann im Moment nicht alle Rechnungen bezahlen. Lassen Sie mich bloß mit Ihrer Anruferei in Ruhe. Wenn ich wieder

Geld habe zahle ich schon."

Auf den Gesprächs- Inhalt fixieren	Herr Hopf:	„Herr Liebel, was spricht dage- gen eine Lösungsmöglichkeit zu besprechen, sicherlich doch nichts?"

Herr Liebel: „Das hat doch kaum einen
Zweck, denn im Moment ist gar
nichts möglich. Ich schlage als
Lösung vor, dass Sie mir den
Betrag einen Monat stunden."

Auf Konse- quenzen auf- merksam machen	Herr Hopf:	„Herr Liebel, wenn wir heute nicht gemeinsam eine Lösung finden, kommen mit Sicherheit einige Unannehmlichkeiten auf Sie zu. Die können wir jetzt noch vermeiden."

Herr Liebel: „Sie wollen mir wohl noch Angst
einjagen. Das ist aber nicht ge-
rade rücksichtsvoll. Etwas mehr

Nachsicht kann wohl in einer für mich so schwierigen Situation verlangt werden."

Zusam- menarbeit signalisieren	Herr Hopf:	„Ich will deswegen ja mit Ihnen eine Lösung finden, die wir beide akzeptieren können."
	Herr Liebel:	„Ich höre immer nur von Ihnen: Lösung finden. Verärgern Sie mich bloß nicht, Sie haben schließlich in der Vergangenheit ganz schön an mir verdient."
Konse- quenzen schildern	Herr Hopf:	„Ich will verhindern, dass Ihnen ein Mahnbescheid zu gestellt wird. Das wäre mit Sicherheit unangenehm für Sie."
	Herr Liebel:	„Ich höre wohl nicht richtig, Sie wollen mir einen Mahnbescheid schicken. Ich komme aus den Schwierigkeiten sowieso nicht mehr raus. Was soll ich denn

machen, ich kann den Betrag von 780,-- € im Moment nicht zahlen."

Lösungs- vorschlag unterbreiten	Herr Hopf:	„Wir können doch eine monatliche Ratenzahlung mit zehn gleichen Beiträgen vereinbaren, das wären 78,-- € monatlich. Was halten Sie davon? Das ist doch ein guter Vorschlag?"
	Herr Liebel:	„Sie sagen zehn Raten. Na ja, 78,-- €. Das ist aber die absolute Schmerzgrenze für mich. In Ordnung, darauf kann ich mich gerade noch einlassen.
Gesprächs- ergebnis untermauern	Herr Hopf:	„Das ist gut, 78.-- € monatlich ist auch für mich vertretbar, damit bin ich einverstanden. Wir vereinbaren also eine Ratenzahlung von zehn Raten. Ich sende Ihnen sofort ein Formular zu, das Sie mir bitte schnell-

stens unterschrieben zurück senden. Die Überweisung für die erste Rate von 78,-- € nehmen Sie bitte bis Ende nächster Woche vor. Können wir so verbleiben?"

Herr Liebel: „Können wir."

Gesprächs-ergebnis positiv verstärken

Herr Hopf: „Das ist gut, Sie überweisen dann den Betrag von 78,-- € bis Ende nächster Woche."

Herr Liebel: „Ja, das mache ich."

Herr Hopf: „Dann ist ja alles in Ordnung. Auf Wiederhören, Herr Liebel."

Herr Liebel: „Wiederhören."

6.8 Der zweite Anruf bei unserem Schuldner: Der Gesprächsleitfaden

Der säumige Schuldner zahlt trotz unserem Anruf nicht. Was ist zu tun?

Es kann unter einer bestimmten Bedingung ein zweiter Anruf erfolgen. Dieser zweite Anruf darf erfahrungsgemäß nicht die gleiche „nüchterne Machart" widerspiegeln wie der vorausgegangene Anruf. Die bestimmte Bedingung für die Durchführung des zweiten Anrufs ist ein emotionales Engagement, das eine Spur von Empörung, verbunden mit Enttäuschung erkennen lässt. Diese emotionale Art darf aber nicht zur absoluten Beschimpfung des Schuldners führen. Der säumige Schuldner soll nicht total verärgert sein, sondern – wenn möglich – eher ein schlechtes Gewissen bekommen. Wer glaubt, in dieser emotionalen Art das Gespräch nicht führen zu können, verzichtet lieber auf den zweiten Anruf.

Noch eine Einschränkung: Ein zweiter Anruf ist bei Personen, die zur Aggression tendieren und solche die eher eine gleichgültige Verhaltensweise zeigen, wegen der geringen persönlichen Ansprechbarkeit, weniger erfolgsversprechend und deshalb auch nicht empfehlenswert.

Die Gesprächsbausteine für den zweiten Anruf

a) Den Vertrauensbruch deutlich machen
b) Die Sachlage erfragen
c) Die Verlässlichkeit verbal in Frage stellen
d) Die letzte Chance einräumen
e) Einen Vorschlag unterbreiten
f) Die Konsequenzen mit Nachdruck ankündigen
g) Die erneute Abmachung bestätigen und absichern

a) Den Vertrauensbruch deutlich machen

Wichtig ist, dass wir uns von dem Schuldner durch seine Äußerungen bzw. Rechtfertigungen nicht unterbrechen und schon gar nicht aus dem Konzept bringen lassen. Es empfiehlt sich, ohne auf seine Ausflüchte einzugehen, ihm den Vertrauensbruch – Abmachung wurde nicht eingehalten – deutlich zu machen.

Methode:

Anrede + Sachverhalt + Unzufriedenheit zum
schildern   Ausdruck bringen

Beispiel:

- „Herr Breitschmitt, ich habe mich auf Ihre Zusage
  verlassen, dass die Zahlung bis spätestens 4. Ap-
  ril auf das Konto 538525 bei der X-Bank eingeht.
  Und was ist geschehen, die Zahlung ist nicht erfolgt. Ich bin mit Ihrem Verhalten sehr unzufrie-
  den."

Anrede: „Herr Breitschmitt, ...

Sachverhalt schildern: ... ich habe mich auf Ihre Zusage
                            verlassen, dass die Zahlung bis
                            spätestens 4. April auf das Konto
                            538525 bei der X-Bank eingeht.
                            Und was ist geschehen, die Zah-
                            lung ist nicht erfolgt.

Unzufriedenheit zum
Ausdruck bringen: Ich bin mit Ihrem Verhalten sehr
                            unzufrieden."

b) Die Sachlage erfragen

Wir sollten uns nicht mit Äußerungen wie: „Ich werde ja nächste Woche zahlen." abspeisen lassen. Bedeutend ist für uns die Frage aus welchem Grund nicht gezahlt wurde, um einschätzen zu können, ob wir auf eine erneute Zusage des Schuldners halbwegs vertrauen können oder nicht. Wenn wir zu der Erkenntnis kommen, dass wir nur vertröstet werden oder dem Schuldner in Wirklichkeit die Angelegenheit ziemlich egal ist, also eine weitere Verfolgung des Zahlungseinganges mit außergerichtlichen Mitteln kaum einen Zweck hat, sollten wir das Gespräch abbrechen. In einem solchen Falle, ist aber dem Schuldner mitzuteilen, dass er nun mit den Konsequenzen rechnen muss.

Wir versuchen also zunächst herauszufinden, warum keine Zahlung erfolgte.

Methode: **Ursachenfrage**

Beispiele:
- „Woran hat es denn gelegen?"
- „Aus welchem Grund haben Sie nicht gezahlt?"

- „Was ist denn vorgefallen?"

c) Die Verlässlichkeit verbal in Frage stellen

Diesen Gesprächsbaustein brauchen wir als Verstärker, damit der Schuldner noch mehr motiviert ist, seine Verpflichtungen einzugehen.

Methode:

erneute Abmachung + Abmachung in
ansprechen   Frage stellen

Beispiele:
- „Und wenn ich mich jetzt wieder auf Ihre Zusage einlasse, werde ich sicherlich wieder von Ihnen im Stich gelassen."
- „Es wird gar keinen Zweck haben, sich noch ein zweites Mal auf Ihre Versprechungen einzulassen, Sie werden sich ja wieder nicht daran halten."

erneute Abmachung
ansprechen: „Und wenn ich mich jetzt wieder
                           auf Ihre Zusage einlasse, ...

Abmachung in Frage

stellen: ... werde ich sicherlich wieder
von Ihnen im Stich gelassen."

Ein Schuldner, der an einer einvernehmlichen Lösung interessiert ist, wird hierauf sinngemäß reagieren: „Nein, nein, diesmal können Sie sich auf mich verlassen".

d) Die letzte Chance einräumen

Wir dürfen nun keine allzu freimütige Bereitschaft gegenüber unserem Schuldner zeigen, eine erneute Absprache einzugehen. Es muss also deutlich gemacht werden, dass es nach der erneuten Absprache keine weitere Abmachung dieser Art geben wird.

Methode:

Einverständnis + letzte Gelegenheit deutlich
geben   machen

Beispiele:

- „In Ordnung, ich räume Ihnen noch eine Chance ein, um die Angelegenheit einvernehmlich zu beenden."

- „Einverstanden, ein letztes Mal bin ich bereit, mich auf Ihre Zusage einzulassen."

Einverständnis geben:	„In Ordnung, ...
letzte Gelegenheit	
deutlich machen:	... ich räume Ihnen noch eine Chance ein, um die Angelegenheit einvernehmlich zu beenden."

Dem Satz dürfen aber keine Drohungen beigefügt werden. Es könnte sein, dass der Wille unseres Schuldners zur Zusammenarbeit durch derartige Negativitäten beeinträchtigt wird.

Negatives Beispiel:

- Ein letztes Mal bin ich bereit, mich auf Ihre Zusage einzulassen. Wenn Sie sich diesmal aber nicht daran halten, übergebe ich die Angelegenheit einem Rechtsanwalt."

e) Einen Vorschlag unterbreiten

Von Bedeutung ist nun, dass wir nicht leichtfertig einen

Vorschlag unseres Schuldners akzeptieren. Diese Vorschläge werden häufig aus einer emotionalen Stimmung heraus geäußert und verfolgen den Zweck, das Problem und das Gespräch möglichst schnell hinter sich zu bringen. Es spricht also einiges dafür, dass wir den Vorschlag unterbreiten.

Methode:

Vorschlag + Kontrollfrage + Alternativvorschlag erfragen

Beispiel:

- „Ich schlage Ihnen vor, mit der bereits ausgemachten Ratenzahlung am 1. Juni zu beginnen. Ist das für Sie möglich? Oder haben Sie einen besseren Vorschlag?"

Vorschlag:	„Ich schlage Ihnen vor, mit der bereits ausgemachten Ratenzahlung am 1. Juni zu beginnen.
Kontrollfrage:	Ist das für Sie möglich?
Alternativvorschlag erfragen:	Oder haben Sie einen besseren Vorschlag?"

f) Die Konsequenzen mit Nachdruck ankündigen

Erst nachdem eine erneute Vereinbarung getroffen wurde, können gewissermaßen als Druckmittel mögliche Konsequenzen geschildert werden, die im Falle des Nichtzahlens auf den Schuldner zukommen.

Methode:

Einhaltung + **Konsequenzen** + **Ende des**
wichtig machen **ankündigen** **Entgegenkommens**
herausstellen

Beispiel:

- „Wenn zum verabredeten Zeitpunkt jedoch keine Zahlung eingegangen ist, wird die Angelegenheit dem Rechtsanwalt übergeben, denn auch mein Entgegenkommen hat seine Grenzen."

Einhaltung wichtig
machen: „Wenn zum verabredeten Zeitpunkt jedoch keine Zahlung eingegangen ist, ...

Konsequenzen ankündigen:	... wird die Angelegenheit dem Rechtsanwalt übergeben, ...
Ende des Entgegenkommens herausstellen:	... denn auch mein Entgegenkommen hat seine Grenzen."

g) Die erneute Abmachung bestätigen und absichern

Methode:

Vertrauen ausdrücken + Abmachung + Appell

Beispiel:

- „Also, ich verlasse mich darauf, dass Sie diesmal Ihr Wort halten und die erste Rate bis spätestens 1. Juni überweisen. Lassen Sie mich diesmal nicht im Stich. Eine schriftliche Bestätigung unserer Vereinbarung sende ich Ihnen heute noch zu."

Vertrauen ausdrücken: „Also, ich verlasse mich darauf, dass Sie diesmal Ihr Wort halten

| Abmachung: | ... und die erste Rate bis spätes-tens 1. Juni überweisen. |
| Appell: | Lassen Sie mich diesmal nicht im Stich." |

7. Der Schuldner reagiert auf eine schriftliche Mahnung und meldet sich bei uns am Telefon

Der Schuldner, der uns anruft hat in der Regel schon mindestens eine Mahnung erhalten. Er weiß ziemlich genau was er durch seinen Anruf bewirken will. Wir dagegen werden von ihm überrascht und wissen im ersten Moment nicht so richtig was uns erwartet. Die Palette der Möglichkeiten ist sehr vielseitig und geht von „Vorwürfe machen" bis zum konkreten Lösungsvorschlag oder einer Bitte, der wir entsprechen sollen.

Einige Unternehmen, die ständig oder doch sehr häufig mit dem Kunden im Geschäftskontakt stehen, stellen bei Ausbleiben der Zahlung, üblicherweise aber nicht ohne Ankündigung, die weitere Lieferung ein. Die Anrufe, die von den Schuldnern dann erfolgen, sind nicht selten von

Wut und Aggression geprägt, weil sie die Konsequenzen hautnah spüren. Viele Schuldner fühlen sich dann auch noch zu Unrecht behandelt. Von uns darf auf keinem Falle die Reaktion erfolgen: „Wir sind im Recht, selber schuld, wenn Sie doch nicht zahlen". Das Gespräch kann dann einen bösen Ausgang nehmen.

Andere Schuldner, besonders wenn es sich um Privatpersonen handelt, erzählen eine rührige bis herzzerreißende Geschichte. Absolute Härte ist hier wohl kaum angebracht. Ein gewisses Quantum an Mitgefühl ist schon zu zeigen, doch sollte der Grundsatz vorherrschen: „Schulden sind zu bezahlen". Es ist auf jeden Falle nach einer für den Schuldner erträglichen Lösung zu suchen.

7.1 Der Schuldner ruft uns an: Der Gesprächsleitfaden

Die Gesprächsbausteine

a) Die erforderlichen Informationen erfragen
b) Relevante Daten wiedergeben
c) Bestätigung eines akzeptablen Schuldnervorschlags

d) Das Beschwerdeverhalten stoppen

   1. Die Vorwürfe-oder-Lösungs-Methode

   2. Die Provokationsmethode

e) Die Wogen glätten

f) Die Vorgehensweise bei der Lösungsfindung

   1. Das Vorschlagen von Lösungen

   2. Den Schuldnervorschlag ablehnen und
      eigenen Vorschlag unterbreiten

   3. Die Schuldneraktivierung

g) Die Einigung

   1. Das Gesprächsergebnis untermauern

   2. Das Gesprächsergebnis positiv verstärken

a) Die erforderlichen Informationen erfragen

Der Schuldner ist als erstes richtig zu identifizieren. Deshalb sind von uns die notwendigen Daten zu erfragen, bevor er in seinen Redefluss gerät. Wir unterbrechen den Anrufer kurz und fragen beispielsweise nach der Kundennummer, der Rechnungsnummer usw.

Diese Vorgehensweise hat neben dem sachlichen Aspekt, nämlich dem Aspekt die erforderlichen Informationen zu bekommen, für uns noch einen großen Vorteil.

Der Schuldner wird durch das Unterbrechen aus seinem Gesprächskonzept gebracht. Anstatt sein Anliegen sofort mehr oder weniger emotional vorbringen zu können, wird ihm der „Wind aus den Segeln" genommen. Er hat eine oder mehrere Fragen zu beantworten und muss somit auf uns reagieren. Unser Schuldner kann nicht von Anfang an im Gespräch den „Ton angeben" und somit dominieren, sondern wird zunächst in die Rolle des Reagierenden versetzt.

Die hierfür geeignete Methode wird thematisches Unterbrechen genannt.

Methode:

thematisches + Informationen
Unterbrechen   erfragen

Beispiele:

- „Oh, da muss ich Sie kurz unterbrechen. Ich brauche Ihre Rechnungsnummer."

- „Darf ich Sie kurz unterbrechen? Ich brauche noch Ihre Kundennummer."

thematisches	
Unterbrechen:	„Oh, da muss ich Sie kurz unterbrechen.
Informationen	
erfragen:	Ich brauche Ihre Rechnungsnummer."

Falsch dagegen wäre beispielsweise folgende Formulierung:

- „Ihre Kundennummer bitte."

Eine zu direkte Frage wirkt abweisend.

Bei kleineren Unternehmen mit geringeren Kundenaktivitäten müssen oft keine Details wie Rechnungsnummer usw. erfragt werden, weil die benötigten Informationen ohne großes Nachforschen vorhanden sind. Es empfiehlt sich auf jeden Fall den Schuldner zu unterbrechen oder sogar seinen Redefluss zu stoppen.

Beispiel:
- „Moment bitte, ich schau mal in den Unterlagen nach."

b) Relevante Daten wiedergeben

Üblicherweise wird jetzt im Bildschirm nach den benötigten Informationen gesucht. In kleineren Unternehmen können diese Informationen, sofern sie nicht schon im Kopf vorhanden sind, aus oft schon bereitliegenden Unterlagen entnommen werden. Die relevanten Daten sind dem Anrufer in kurzer Frageform zu nennen.

Methode:

relevante Daten + **Kontrollfrage** + **Hilfsbereit-**
nennen   **schaft zeigen**

Beispiel:

Gläubiger: „Sie sind Herr Uwe Raab, es geht um die Rechnung-Nr. 0425 und Sie haben von uns am 13. Februar eine Mahnung erhalten. Stimmt das so?"

Schuldner: „Ja."

Gläubiger: „Was kann ich jetzt für Sie tun?"

relevante Daten
nennen: „Sie sind Herr Uwe Raab, es geht um die Rechnung-Nr. 0425 und Sie ha-

	ben von uns am 13. Februar eine Mahnung erhalten.
Kontrollfrage:	Stimmt das so?"
Hilfsbereitschaft zeigen:	„Was kann ich jetzt für Sie tun?"

Die Richtigkeit der Daten wird somit überprüft. In der Regel wird der Anrufer immer mit „ja" antworten. Mit jedem „ja", dass er von sich geben muss, wird er ein klein wenig positiver gestimmt. Die Methode ist durchaus geeignet Feindseligkeiten abzuschwächen oder sie sogar abzubauen. Die Formulierung: „Was kann ich jetzt für Sie tun?" signalisiert zusätzlich Hilfsbereitschaft.

Bei gut bekannten Kunden, wird dieser Vorgang sicher etwas persönlicher ablaufen, zu mindestens erübrigt sich dann das Nennen des Namens.

c) Bestätigung eines akzeptablen Schuldnervorschlags

Betrachten wir den Fall, dass der Schuldner einen guten Vorschlag zur Lösung des Zahlungsproblems macht, mit dem wir einverstanden sind.

Der akzeptable Vorschlag des Schuldners ist noch einmal in eigenen Worten zu wiederholen, um Missverständnisse vorzubeugen. Danach ist das Einverständnis zu geben.

Methode:

Vorschlag wiederholen + Zustimmung geben

Beispiel:

- „Sie schlagen eine Stundung um zwei Wochen vor. Darauf können wir uns verständigen."

Vorschlag
wiederholen: „Sie schlagen eine Stundung um zwei Wochen vor.

Zustimmung
geben: Darauf können wir uns verständigen."

Weitere Beispiele für „Zustimmung geben"

- „Das ist machbar."
- „Das ist ein guter Vorschlag."
- „Das ist ein akzeptabler Vorschlag."
- „Das geht so in Ordnung."

Wichtig ist, dass das **Zustimmung geben** nicht zu euphorisch klingt, wie beispielsweise: „Das ist ein ausgezeichneter Vorschlag".

d) Das Beschwerdeverhalten stoppen

Der Schuldner ist sehr empört und beschwert sich über unser Verhalten. Wir lenken von der Beschwerde ab und bringen den Lösungswillen ins Spiel. Es kommen zwei unterschiedliche Methoden in Frage.

1. Die Vorwürfe-oder-Lösungs-Methode

Methode:

an die Beschwerde + Lösung in den

anknüpfen   Vordergrund rücken

Beispiel:

* „Wollen Sie jetzt mit Ihren Vorwürfen weitermachen oder wollen wir uns nicht lieber über die Lösung unterhalten."

an die Beschwerde
anknüpfen:

„Wollen Sie jetzt mit Ihren Vorwürfen weitermachen ...

Lösung in den Vorder-
grund rücken:

... oder wollen wir uns nicht
lieber über die Lösung unterhalten."

2. Die Provokationsmethode

Methode:

an dem Anruf + dem Schuldner Lösungsinitiative
anknüpfen   unterstellen

Beispiel:

* „Sie würden mit Sicherheit nicht anrufen, wenn
  Sie keinen Vorschlag für die Begleichung der
  Rechnung hätten."

An dem Anruf
anknüpfen:

„Sie würden mit Sicherheit nicht anrufen, ...

dem Schuldner
Lösungsinitiative

116

unterstellen: ... wenn Sie keinen Vorschlag für die
                       Begleichung der Rechnung hätten."

e) Die Wogen glätten

Diese Methode ist dann anzuwenden, wenn der Schuldner sich beschwert, weil er aufgrund seines Zahlungsver-
säumnisses Konsequenzen (z. B. Lieferstopp) von uns
zu spüren bekommen hat und wir auf jeden Fall mit ihm
wieder gut auskommen wollen.

Methode:

> **auf Schuldner + Frage: „Wie hätten Sie**
> **eingehen   es denn gemacht?"**

Beispiel:

- „Ich kann mir sehr gut vorstellen, dass Sie sich
  über unser Verhalten gewundert haben. Wenn
  Sie sich jedoch in unsere Lage versetzen, was
  hätten wir Ihrer Meinung nach sonst tun sollen?"

auf Schuldner eingehen: „Ich kann mir sehr gut vorstel-
                        len, dass Sie sich über unser
                        Verhalten gewundert haben.

117

| Frage: „Wie hätten Sie es denn gemacht?": | Wenn Sie sich jedoch in unsere Lage versetzen, was hätten wir Ihrer Meinung nach sonst tun sollen?" |

f) Die Vorgehensweise bei der Lösungsfindung

Auf drei unterschiedliche Situationen wird im Nachfolgenden eingegangen.

Lösungsfindung

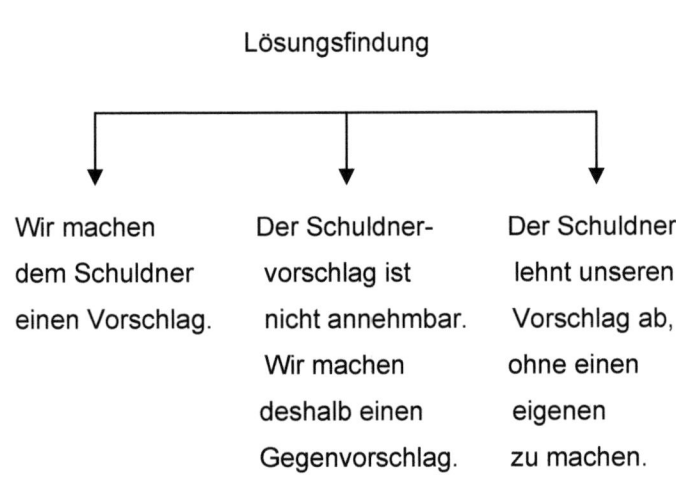

| Wir machen dem Schuldner einen Vorschlag. | Der Schuldnervorschlag ist nicht annehmbar. Wir machen deshalb einen Gegenvorschlag. | Der Schuldner lehnt unseren Vorschlag ab, ohne einen eigenen zu machen. |

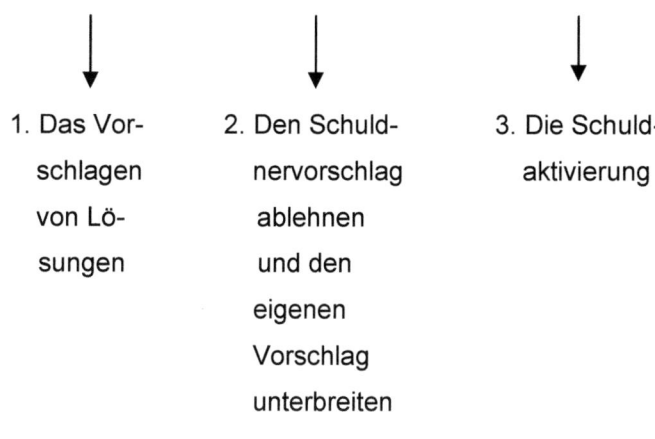

1. Das Vor-   2. Den Schuld-   3. Die Schuld-
   schlagen   nervorschlag   aktivierung
   von Lö-   ablehnen
   sungen   und den
              eigenen
              Vorschlag
              unterbreiten

1. Das Vorschlagen von Lösungen

Der Schuldner macht selbst keinen Vorschlag und verlässt sich dabei auf uns.

Methode:

Einstimmen in + Vorschlag in + Suggestivfrage
   Frageform   **Frageform**

Beispiel:

- „Darf ich Ihnen einen Vorschlag machen? Was halten Sie davon, diese Woche noch 200.-- € zu überweisen und den Rest am Anfang des näch-

119

sten Monats? Dem können Sie doch sicher zu-
stimmen, oder?"

Einstimmen in

Frageform: „Darf ich Ihnen einen Vorschlag ma-
                    chen?

Vorschlag in

Frageform: Was halten Sie davon, diese Woche
                    noch 200.-- € zu überweisen und den
                    Rest am Anfang des nächsten Monats?

Suggestivfrage: Dem können Sie doch sicher zustim-
                    men, oder?"

2. Den Schuldnervorschlag ablehnen und den eigenen Vorschlag unterbreiten

Der Schuldner macht uns einen Vorschlag, den wir auf
keinen Fall akzeptieren können. Auf die Ablehnung eines
Vorschlags, muss von uns immer ein Gegenvorschlag
erfolgen.

Methode:

Ablehnung + Gegenvorschlag + Suggestivfrage

Beispiele:

- „Das geht nicht. Ich schlage Ihnen jedoch eine Ratenzahlung vor. Das wäre doch eine gute Lösung?"

- „Das geht nicht. Wir können jedoch eine Ratenzahlung vereinbaren. Das ist doch eine gute Lösung?"

Ablehnung: „Das geht nicht.

Gegenvorschlag: Ich schlage Ihnen jedoch eine Ratenzahlung vor.

Suggestivfrage: Das wäre doch eine gute Lösung?"

Anmerkung:

- In den beiden Beispielen wird nicht nur einfach eine Suggestivfrage gestellt. Sondern es wird durch die Suggestivfrage ausgedrückt, was der Schuldner von dem Vorschlag halten soll.

3. Die Schuldneraktivierung

Wenn der Schuldner unsere Lösung ablehnt, ohne selbst einen eigenen Vorschlag zu machen, sollten wir ihn darauf hinweisen, dass ein solches Verhalten von uns nicht hingenommen werden kann. Wir wenden hierbei das **Wenn-dann-Denkschema** an.

Methode:

auf Ablehnung + Gegenvorschlag
eingehen   provozieren

Beispiel:

* „Wenn Sie schon meinen Vorschlag ablehnen, dann sollten Sie schon einen vernünftigen Gegenvorschlag machen."

auf Ablehnung
eingehen: „Wenn Sie schon meinen Vorschlag ablehnen, ...

Gegenvorschlag
machen: ... dann sollten Sie schon einen vernünftigen Gegenvorschlag machen."

g) Die Einigung

Der Gesprächsverlauf gestaltet sich genauso wie er bereits unter 6.7.1 Die Gesprächsbausteine S. 79 ff. beschrieben wurde.

1. Das Gesprächsergebnis untermauern

Methode:

**positiver Verstärker + Einverständnis geben +
Lösung zusammenfassen + Zustimmung einholen**

Beispiel:

- „Gut, damit bin ich einverstanden. Wir vereinbaren also eine Stundung um einen Monat. Der Betrag von 500,-- € wird dann in einem Monat von Ihrem Konto abgebucht. Sie sorgen bis dahin für eine ausreichende Deckung. Können wir das so vereinbaren? Unsere soeben getroffene Vereinbarung bestätige ich Ihnen noch schriftlich."

positiver Verstärker: „Gut, ...

Einverständnis geben: ... damit bin ich einverstanden

Lösung zusammen-

fassen: Wir vereinbaren also eine Stundung um einen Monat. Der Betrag von 500,-- € wird dann in einem Monat von Ihrem Konto abgebucht. Sie sorgen bis dahin für eine ausreichende Deckung.

Zustimmung
einholen: Können wir das so vereinbaren?

2. Das Gesprächsergebnis positiv verstärken

Methode:

positiver Verstärker + in die Pflicht nehmen

Beispiel:

- „Gut, Sie sorgen dann in einem Monat für eine ausreichende Deckung auf Ihrem Konto, damit alles mit der Abbuchung glatt geht."

positiver Verstärker: „Gut, ...
in die Pflicht nehmen: ... Sie sorgen dann in einem Mo-
                          nat für eine ausreichende De-
                          ckung auf Ihrem Konto, damit al-
                          les mit der Abbuchung glatt geht."

7.2 Die Übung zum Gesprächsleitfaden

Die Firma Fahrzeugbau Hütt hat von ihrem Lieferanten Reifen Degener eine Mahnung erhalten. Es geht um eine

Rechnung von 2500,-- €, die noch nicht bezahlt wurde. Die Firma Hütt steckt in einer Umsatzflaute und kann den Betrag nicht aufbringen. Der Inhaber Kurt Hütt ruft bei der Firma Degener an und wird mit Frau Seitz von der Kundenbetreuung verbunden. Bitte nehmen Sie die Position von Frau Seitz ein.

Methode:

Frau Seitz: „Guten Tag, Kundenbetreuung, mein Name ist Carola Seitz."

Herr Hütt: „Hütt, vom Fahrzeugbau Hütt, ich habe von Ihnen eine Mahnung erhalten die ... ."

Frau Seitz: (Kundennummer erfragen)

erforder-
liche
Informa-
tionen
erfragen

_____
_____
_____
_____
_____

Herr Hütt: „31199"

Frau Seitz: „Einen Moment bitte, ich schaue gleich mal im Computer nach."

Frau Seitz: (Rechnung vom 18.Januar über 2500,-- €.)

relevante
Daten
wiedergeben

_____

_____

_____

_____

_____

_____

_____

Kontrollfrage

_____

Herr Hütt: „Ja, das stimmt."

Hilfsbereit-
schaft
zeigen

Frau Seitz: _____

_____

Herr Hütt: „Ich brauche unbedingt eine Stundung von drei Monaten. Wir stellen Aufbauten für Nutzfahrzeuge her und wir sind gerade in einem saisonbedingten Tief."

(Gegenvorschlag:
Wechsel ausstellen)

Vorschlag Frau Seitz: _____
ablehnen _____
und eigenen _____
Vorschlag _____
unterbreiten _____
_____
_____
_____
_____

Herr Hütt: „Einen Wechsel! Ich glaube ich höre nicht richtig. Bisher habt Ihr euer Geld immer von mir bekommen."

Schuldner- Frau Seitz: _____
aktivierung _____
_____
_____

_____

_____

_____

Herr Hütt: „In Ordnung, ich zahle ab nächsten 1. monatlich 500,-- €. Das ist das, was gerade noch zu verkraften ist."

Bestätigung eines akzeptablen vorschlags

Frau Seitz: _____

_____

_____

_____

_____

_____

Herr Hütt: „Auf mich können Sie sich schon verlassen. Ich überweise auf jeden Fall pünktlich."

Gesprächs- ergebnis untermauern

Frau Seitz: _____

_____

_____

_____

_____

_____

_____

_____

_____

_____

_____

_____

_____

_____

_____

Herr Hütt: „Ja, können wir."

Gesprächs-Frau Seitz: _____

ergebnis   _____

positiv   _____

verstärken   _____

_____

_____

_____

_____

Herr Hütt:	„Ja, auf jedem Fall. Vielen Dank und auf Wiederhören."
Frau Seitz:	„Auf Wiederhören, Herr Hütt."

Auflösung der Übung (Musterlösung)

Methode:		
	Frau Seitz:	„Guten Tag, Kundenbetreuung, mein ist Name Carola Seitz."
	Herr Hütt:	„Hütt, vom Fahrzeugbau Hütt, ich habe von Ihnen eine Mahnung erhalten die ... ."
erforderliche Informationen erfragen	Frau Seitz:	„Herr Hütt, ich muss Sie kurz mal unterbrechen. Ich brauche Ihre Kundennummer."
	Herr Hütt:	„31199"

	Frau Seitz:	„Einen Moment bitte, ich schaue gleich mal im Computer nach."

relevante Daten wiedergeben   Frau Seitz: „Herr Hütt, wie ich sehe, geht es um die Rechnung vom 18. Januar über 2500,-- €. Da haben Sie vor ein paar Tagen eine Mahnung erhalten.
Stimmt das so?"

Herr Hütt: „Ja, das stimmt."

Hilfsbereitschaft zeigen   Frau Seitz: „Was kann ich jetzt für Sie tun?"

Herr Hütt: „Ich brauche unbedingt eine Stundung von drei Monaten. Wir stellen Aufbauten für Nutzfahrzeuge her und wir sind gerade in einem saisonbedingten Tief."

Vorschlag   Frau Seitz: „Das geht nicht. So lange

ablehnen
und eigenen
Vorschlag
unterbreiten

können wir die Zahlung nicht hinausschieben, das müssen Sie verstehen. Wir können jedoch einen Wechsel ausstellen."

Herr Hütt: „Einen Wechsel! Ich glaube ich höre nicht richtig. Bisher habt Ihr euer Geld immer von mir bekommen."

Schuldner-
aktivierung

Frau Seitz: „Herr Hütt, wenn Sie diesen Vorschlag ablehnen, dann sollten Sie jetzt einen vernünftigen Gegenvorschlag machen."

Herr Hütt: „In Ordnung, ich zahle ab nächsten 1. monatlich 500,-- €. Das ist das, was gerade noch zu verkraften ist."

Bestätigung
eines

Frau Seitz: „Herr Hütt, Sie schlagen also eine Ratenzahlung von insge-

akzeptablen Schuldner-vorschlags

samt fünf Raten vor. Darauf kann ich mich gerade noch einlassen."

Herr Hütt: „Auf mich können Sie sich schon verlassen. Ich überweise auf jeden Fall pünktlich."

Gesprächs-ergebnis untermauern

Frau Seitz: Schön, damit bin ich einverstanden. Wir vereinbaren also eine Ratenzahlung mit einer Laufzeit von fünf Monaten. Der Betrag ist jeweils 500,-- €. Ich sende Ihnen noch unseren Ratenzahlungsvertrag zu. Bitte schicken Sie diesen Vertrag sofort unterschrieben zurück. Der Betrag wird von uns jeden Monat von Ihrem Konto abgebucht. Können wir so verbleiben?"

Herr Hütt: „Ja, können wir."

Gesprächs-	Frau Seitz:	„Schön, Sie senden mir dann
ergebnis		so schnell wie möglich den
positiv		unterschriebenen Vertrag zu."
verstärken		

| | Herr Hütt: | „Ja, auf jedem Fall. Vielen Dank und auf Wiederhören." |

| | Frau Seitz: | „Auf Wiederhören, Herr Hütt." |

8. Die grundlegenden Gesprächsmethoden im Umgang mit unserem Schuldner am Telefon

Neben den unterschiedlichen Leitfäden, lassen sich noch situationsbezogen einige Gesprächstaktiken anwenden.

8.1 Der gekonnte Einsatz der Fragetechnik im Inkassogespräch

Frageart	Anwendungsbereich
Offene Frage	• Den Schuldner aktivieren • Einen Dialog aufbauen

134

Offene Frage	• Den Schuldner mit einbeziehen • Die Probleme und die Hintergründe herausfiltern • Die Meinungen des Schuldners erfahren • Konkrete Informationen einholen
Geschlossene Frage	• Die Zustimmung erfragen • Getroffene Vereinbarungen bestätigen bzw. bestätigen lassen • Das Gespräch zum Abschluss bringen
Alternativfrage	• Die Entscheidungen erleichtern • Die Problemsituationen lösen

8.1.1 Die offenen Fragen

Die offenen Fragen werden oft auch als „W-Fragen" be-
zeichnet, weil sie mit einem „W-Wort" beginnen.

Die „W-Worte" können lauten:

---

wann, wie, wonach, warum, was, woraus,
welche, welcher, welches, wieweit, worin,
wo, worüber, wen, wer, wobei, wovon, wo-
durch, wozu, weshalb, wofür, woher, woge-
gen, wessen, wohin, wieso, weswegen,
womit usw.

Erinnern wir uns bitte wieder an das negative Fallbeispiel
unter dem Abschnitt 6.5.1 Das Gesprächsbeispiel und
die kritische Würdigung S. 55 ff. und geben wir diesem
Gespräch eine positive Wende. Auf dieses Fallbeispiel
bezogen, kann die Anwendung einer offenen Frage folgendermaßen lauten:

Frau Sorg:	„Einer unserer besten Kunden ist in Insolvenz gegangen und wir haben dadurch schließlich einen großen Verlust zu verschmerzen. Es ist wohl kaum unsere Schuld, wenn einer in Insolvenz geht."
Herr Meisner:	„Das ist sicherlich sehr bitter für Sie, ich verstehe Ihre Lage. **Welchen Betrag könnten Sie denn im Moment aufbringen?"**
Frau Sorg:	„Uns fehlt das Geld. Im höchsten Falle sagen wir mal 1000,-- €.
Herr Meisner:	„In Ordnung, mit 1000,-- € fürs Erste bin ich einverstanden. Ich schlage vor, dass der Rest dann im nächsten Monat von Ihnen überwiesen wird."
Frau Sorg:	„Ja, Herr Meisner, das können wir so vereinbaren."

Weitere Beispiele:

- „Was halten Sie von einer Ratenzahlung?"
- „Wann haben Sie wieder Geld?"
- „Womit wollen Sie den ausstehenden Betrag begleichen?"
- „Wie sieht aus Ihrer Sicht die geeignete Lösung aus?"

Wesensmerkmal der offenen Fragestellung:

Mit einer offenen Frage wird die Gesprächsinitiative ergriffen. Der Gesprächspartner wird zu einer Reaktion, zu einer Antwort veranlasst.

8.1.1.1 Die Anwendungsmöglichkeiten der offenen Fragestellung im Inkassogespräch

1. Anwendungsmöglichkeit: Die aktive Rolle im Inkassogespräch

Nicht zuletzt wegen dem fehlenden Gesichtskontakt

am Telefon kann es vorkommen, dass einer der Gesprächspartner sehr stark dominiert, d. h. das „Sagen hat" und somit die aktive Gesprächsrolle übernimmt und der andere Gesprächspartner in die passive Gesprächsrolle mehr oder weniger gedrängt wird. Damit wir eine Lösung bewirken können, müssen wir unbedingt die aktive Gesprächsrolle einnehmen. Die aktive Rolle einnehmen bedeutet für uns, dass wir das Gespräch steuern und trotzdem den Schuldner in den Gesprächsablauf mit einbeziehen. Wie machen wir das? Allein durch Fragen. Wir stellen eine Frage mit einem „W-Wort" und unser Schuldner antwortet bzw. muss reagieren. Wird uns während des Gespräches die aktive Rolle von unserem Schuldner abgenommen, müssen wir eine oder mehrere offene Fragen stellen, um sie wieder zu bekommen.

2. Anwendungsmöglichkeit: Aktivierung des Schuldners zur Lösung von Problemsituationen

Problemsituation:

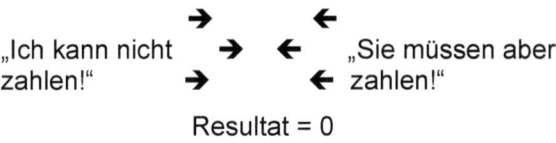

"Ich kann nicht zahlen!"   „Sie müssen aber zahlen!"

Resultat = 0

Durch eine solche Gesprächsführung verhärten sich die Fronten. Harte Fronten sind aufzulösen, am besten mit offenen Fragen.

Problemlösung:

```
                    →
„Ich kann nicht    →    ⇨   ↘
zahlen!"           →              ⇩← Frage z.B:
                                ↗    „Wann können
                                ↗    Sie zahlen?"
              „Frühestens in einem Monat"
```

Durch das Stellen der offenen Frage entsteht eine Zusammenarbeit. Es wird eine Antwort gegeben, die das Gespräch weiterführt.

3. Anwendungsmöglichkeit: Die Abwehr von emotional geprägten Fragen des Schuldners

Angenommen, unser Schuldner geht in den Angriff über und stellt eine emotional geprägte offene Frage. In der Praxis werden solche Formulierungen oft in einer aggressiven Stimmlage vorgebracht.

Schlechtes Beispiel:

Schuldner:	„Wo soll ich denn das Geld herbekommen?" (aggressiver Ton)
Gläubiger:	„Dann überlegen Sie mal, wie Sie die Rechnung bezahlen können."
Schuldner:	„Ha, ha, ha, da gibt es wirklich nicht viel zu überlegen."

Auf eine emotional geprägte offene Frage des Schuldners, darf nie eine rationale Stellungnahme erfolgen. Der Schuldner spielt sonst seine, durch die Frage gewonnene Überlegenheit im Gespräch gegenüber dem Gläubiger aus. Ein solcher Dialog führt zu keiner Lösung sondern zu einem Gesprächsabbruch ohne Resultat. Damit ist dann niemanden geholfen.

Gutes Beispiel:

Schuldner:	„Wo soll ich denn das Geld herbekommen?" (aggressiver Ton)
Gläubiger:	„Was spricht denn dagegen, dass wir jetzt gemeinsam eine Lösung besprechen?"

Einer emotional geprägten offene Frage ist mit einer sachlich geprägten offenen Frage zu begegnen, damit der Angriff abgewehrt wird und eine Zusammenarbeit beginnen kann.

4. Anwendungsmöglichkeit: Entweder das Gespräch mit unserem Schuldner in Gang bekommen oder präzise Informationen einholen

Es gibt offene Fragen, die dazu geeignet sind einen weniger gesprächigen Schuldner zum Erzählen zu bringen. Diese Fragen **öffnen** das Gespräch.

Beispiel:

- „Sie sagen gerade, Sie können im Moment nicht zahlen. **Wie verbleiben wir dann?**"

Der Schuldner wird zu einer Stellungnahme und somit zum Reden aufgefordert.

Eine andere Art der offenen Fragen ist ausschließlich auf das Erfassen konkreter Informationen ausgerichtet. Diese Fragen sind **nicht öffnend**, sie bringen das Gespräch nicht in Gang.

Beispiel:

- „Sie sagen gerade, Sie verfügen bald wieder über Geld. **Wann können Sie dann zahlen?**"

Der Schuldner wird auf diese Frage eine konkrete Auskunft erteilen, sofern er sich nicht in alle möglichen Ausflüchte verstrickt. Ein Redefluss wird mit dieser Art der offenen Frage beim Schuldner nicht ausgelöst.

In der Praxis werden bei Inkassogesprächen häufiger die nicht öffnenden Fragen gestellt. Es ist in den meisten Fällen von vorrangiger Bedeutung, konkrete Informationen von dem Schuldner zu erhalten und nicht das Gespräch in Gang zu bekommen.

Übung: Welche Fragen öffnen das Gespräch und welche Fragen sind nicht öffnend?

Frage	öffnend	nicht öffnend
• „Wann haben Sie wieder Geld?" • „Wann wollen Sie mit der Ratenzahlung anfangen?" • „Wie können wir gemeinsam dieses Zahlungsproblem lösen?" • „Wann überweisen Sie?" • „Wie sieht aus Ihrer Sicht die geeignete Lösung aus?"		

Lösung: Welche Fragen öffnen das Gespräch und welche Fragen sind nicht öffnend?

Frage	öffnend	nicht öffnend
• „Wann haben Sie wieder Geld?"		X
• „Wann wollen Sie mit der Ratenzahlung anfangen?"		X
• „Wie können wir gemeinsam dieses Zahlungsproblem lösen?"	X	
• „Wann überweisen Sie?"		X
• „Wie sieht aus Ihrer Sicht die geeignete Lösung aus?"	X	

8.1.1.2 Die Probleme der offenen Fragestellung im Inkassogespräch

1. Problem: Die Worte „Warum", Weshalb" und „Wieso"

Formulierungen mit diesen Worten bringen den Schuldner zu stark in Rechtfertigungszwang. Die Gesprächssituation kann dadurch verschärft werden. Als Ersatz für diese Worte kann die Ausdrucksweise **„Aus welchem Grund"** angeboten werden.

2. Problem: Die häufige Verwendung von W-Worten

Fragen mit W-Worten sollten nicht zu häufig hintereinander gestellt werden. W-Worte führen dazu, dass der Schuldner reagieren muss. Eine zu häufige Anwendung bringt ihn in eine zu starke ausgelieferte Rolle. Aggression oder starker Widerspruch kann die Folge sein.

8.1.2 Die geschlossenen Fragen

Eine geschlossene Frage kann lediglich mit „ja" oder „nein" beantwortet werden.

Beispiele:

- „Wollen Sie unnötigen Ärger vermeiden?"
- „Haben Sie das Zahlen der Rechnung vergessen?"

Eine solche Frage bringt eine schnelle Entscheidung. Es besteht allerdings die Gefahr, dass dem Schuldner die Antwort sprichwörtlich in den Mund gelegt wird. Dem Schuldner kann somit nahegelegt werden, einer Abmachung zuzustimmen, an die er sich dann doch nicht hält.

Beispiel:

Gläubiger: „Werden Sie nächste Woche zahlen?"
Schuldner: „Ja"

Der Gläubiger vertraut auf die Zusage, der Schuldner hält sie aber nicht ein.

8.1.2.1 Anwendungsformen der geschlossenen Fragen, die für das Inkassogespräch von Bedeutung sind

Die geschlossenen Fragen lassen sich in Untergruppierungen aufteilen, mit denen jeweils ein bestimmter Zweck verfolgt werden kann.

Für unsere Belange sind die Kontrollfrage und die Suggestivfrage von Bedeutung.

Wesensmerkmal der Kontrollfrage

Durch die Kontrollfrage wird der Schuldner zu einer, wenn auch nur kurzen, Stellungnahme gezwungen.

Beispiele:
- „Ist das eine Lösung?"
- „Können wir uns darauf einigen?"

Vorteil:
- Nach der Formulierung eines Lösungsvorschlags sollte sofort eine Kontrollfrage erfolgen. Durch

diese Taktik lassen sich Schuldner häufig zu einer positiven Stellungnahme bewegen.

Betrachten wir wieder unser Beispiel und unterstellen wir, was in der Praxis zum Glück kaum vorkommt, dass unser Schuldner die gestellte W-Frage einfach überhört. Es folgt nun ein konkreter Lösungsvorschlag verbunden mit einer Kontrollfrage.

Frau Sorg:	„Einer unserer besten Kunden ist in Insolvenz gegangen und wir haben dadurch schließlich einen großen Verlust zu verschmerzen. Es ist wohl kaum unsere Schuld, wenn einer in Insolvenz geht."
Herr Meisner:	„Das ist sicherlich sehr bitter für Sie, ich verstehe Ihre Lage. **Welchen Betrag könnten Sie denn im Moment aufbringen?**
Frau Sorg:	„Uns fehlt das Geld. Wie gesagt, wir haben im Moment einen großen finanziellen Verlust zu verschmerzen."

| Herr Meisner: | **„Ich schlage Ihnen vor, dass Sie zunächst den Betrag von 1000,--€ überweisen und den Rest im nächsten Monat. Ist das für Sie eine Lösung?** |
| Frau Sorg: | „Na ja, wenn es nicht anders geht, bin ich einverstanden." |

Wesensmerkmal der Suggestivfrage

Die Suggestivfrage ist eine Fragestellung mit „eingebauter" Antwort, die in unsere Richtung, unsere Interessenslage geht. Am einfachsten lässt sich eine solche Frage mit dem Wort „doch" formulieren.

Beispiele:

- „Sie haben doch sicherlich schon ....?"
- „Sie sehen doch sicher auch die Notwendigkeit ....?"

Vorteil:

- Dem Schuldner wird das Verneinen der gestellten Frage schwer bzw. schwerer gemacht.

In unserem Beispiel wird diese Taktik eingesetzt, um den Lösungsvorschlag noch zu verstärken und somit eine Ablehnung durch den Schuldner zu verhindern.

Frau Sorg:	„Einer unserer besten Kunden ist in Insolvenz gegangen und wir haben dadurch schließlich einen großen Verlust zu verschmerzen. Es ist wohl kaum unsere Schuld, wenn einer in Insolvenz geht."
Herr Meisner:	„Das ist sicherlich sehr bitter für Sie, ich verstehe Ihre Lage. **Welchen Betrag könnten Sie denn im Moment aufbringen?**
Frau Sorg:	„Uns fehlt das Geld. Wie gesagt, wir haben im Moment einen großen finanziellen Verlust zu verschmerzen."
Herr Meisner:	**„Ich schlage Ihnen vor, dass Sie den Betrag von 1000,-- € überweisen und den Rest im nächsten Monat. Ist das für Sie eine Lösung?**

Frau Sorg:	„Na ja"
Herr Meisner:	**„Die Zahlung von 1000,-- € wird doch machbar sein?**
Frau Sorg:	„Ja, schon. Wenn es nicht anders geht, bin ich einverstanden."

8.1.3 Die Alternativfrage

Diese Frage beinhaltet immer zwei Alternativen zur Auswahl. Sie zwingt den Gesprächspartner sich zu entscheiden. Somit ist diese Art der Frage immer auf ein Ergebnis, eine Lösung orientiert.

Beispiel:

- „Soll ich .... oder wollen Sie .... ?"

Auf unser früheres Beispiel bezogen, sieht die Anwendung folgendermaßen aus:

Frau Sorg:	„Einer unserer besten Kunden ist in Insolvenz gegangen und wir haben dadurch schließlich einen großen Verlust zu verschmerzen. Es ist wohl kaum unsere Schuld, wenn einer in Insolvenz geht."
Herr Meisner:	„Das ist sicherlich sehr bitter für Sie, ich verstehe Ihre Lage. Ich kann Ihnen als Lösung zwei gute Vorschläge machen. **Entweder wir vereinbaren eine Ratenzahlung in Höhe von monatlich 300,-- € oder Sie überweisen zunächst 1000,--€ und den Rest im darauf folgenden Monat.** Was ist Ihnen lieber?"
Frau Sorg:	„Ich glaube das mit den zunächst 1000,-- € und den nächsten Monat den Rest, ist die bessere Lösung."
Herr Meisner:	„In Ordnung, mit 1000,-- € fürs Erste bin ich einverstanden. Den Rest überweisen Sie dann im nächsten Monat."

Die Alternative, die wir selbst befürworten nennen wir immer als Zweites. Für die zweite Alternative entsteht in der Fragestellung eine Suggestivwirkung d. h. es besteht die Tendenz, sich mehr für die zweite Alternative zu entscheiden.

Angenommen, unser Schuldner akzeptiert unsere Alternativfrage nicht, dann antworten wir mit einer offenen Frage.

Beispiel:

Gläubiger: „Entweder wir vereinbaren eine Ratenzahlung in Höhe von monatlich 300,-- € oder Sie überweisen zunächst 1000,-- € und den Rest im darauf folgenden Monat. Was ist Ihnen lieber?"

Schuldner: „Offengestanden nichts von beiden."

Gläubiger: „Wie soll dann nach Ihrer Meinung die Lösung aussehen?"

Gesprächsmuster:

Gläubiger: Eine Alternativfrage wird gestellt.

↓

Schuldner: Die Alternativfrage wird nicht akzeptiert.

↓

Gläubiger: Eine offene Frage wird gestellt.

Ein vergleichbares Gesprächsmuster lässt sich auch dann anwenden, wenn unser Schuldner eine geschlossene Frage, die eigentlich positiv zu beantworten ist, verneint.

Beispiel:

Gläubiger:	„Überweisen Sie den ausstehenden Betrag bis zum 1. nächsten Monats auf mein Konto?"
Schuldner:	„Nein, das geht nicht!"
Gläubiger:	„Wie soll dann nach Ihrer Meinung die Lösung aussehen?"

Gesprächsmuster:

Gläubiger: Eine geschlossene Frage wird gestellt.

↓

Schuldner: Die geschlossene Frage wird nicht akzeptiert.

↓

Gläubiger: Eine offene Frage wird gestellt.

8.2 Die Verhaltensweisen für spezielle Situationen im Inkassogespräch

8.2.1 Der Schuldner spricht Drohungen aus, zeigt aggressives Verhalten oder äußert sogar Beleidigungen

Es kommen zunächst zwei unterschiedliche Methoden in Betracht:

1. a) Ins Aus laufen lassen

Diese Methode ist besonders dann geeignet, wenn sich der Schuldner sehr emotional und unsachlich verhält. Auf seinen Wortschwall wird lediglich immer wieder mit „hm, hm" reagiert. Der Schuldner soll damit aufgefordert werden, seine Emotionen abzureagieren. Ein Zugang zu seiner Person kann dann möglich sein, wenn er sich alle Frustrationen und alle Wut von der Seele geredet hat.

1. b) Den Redefluss abbremsen

Es gibt aber Zeitgenossen, die diese Aggression nur zur Abwehr des Gesprächs benutzen. In einem solchen Falle wird nicht das Abreagieren von Frustrationen und von Wut erfolgen, weil die Aggression nur gespielt ist. Es ist nun wichtig den Redefluss mit ruhiger aber energischer Stimme nach der Methode „CD hat einen Sprung" abzubremsen. Die Methode „CD hat einen Sprung" bedeutet hier, dass der Name des Schuldners öfter hintereinander genannt wird. Über den Namen wird der Zugang zur Person hergestellt und der Redeschwall nach und nach gestoppt.

Beispiele:
„...Herr Lennert...", „...Herr Lennert..." „...Herr Lennert...",

2. Das gemeinsame Interesse betonen

Sobald der Gesprächspartner sich etwas beruhigt hat,

sollte das gemeinsame Interesse an einer Lösung betont werden. Eine sachliche Zusammenarbeit ist anzustreben.

Methode:

Anrede + Gesprächsbasis + Kontrollfrage
herstellen (bei Bedarf)

Beispiele:

- „Herr Schwund, wir sollten nun sehen, wie wir gemeinsam so schnell wie möglich eine geeignete Lösung finden."

- „Frau Gruber, wir sollten nun sehen, wie wir gemeinsam die Sache aus der Welt schaffen. Können wir das jetzt besprechen?"

Anrede: „Frau Gruber, ...

Gesprächsbasis
herstellen: ... wie wir gemeinsam die Sache aus der Welt schaffen.

Kontrollfrage: Können wir das jetzt besprechen?"

8.2.2 Der Schuldner zeigt sich unbeweglich und beharrt auf seiner Meinung

Der Schuldner gibt immer wieder die gleichen Äußerungen von sich.

Beispiel für die Verhaltensweise eines Schuldners: „Ich habe kein Geld, ich kann nicht zahlen, da kann ich nichts daran ändern."

1. Situationsbeschreibung

Statt ständig gegen eine „Wand" anzurennen, sollten wir unmissverständlich zum Ausdruck bringen, was wir bisher von dem Gesprächsverlauf halten.

Methode:

Anrede + Aussichtslosigkeit des Gesprächs

Beispiele:

- „Herr Schön, wenn Sie so weitermachen, kommen wir nie zu einer Lösung."
- „Frau Scholz, so kommen wir zu keinem Ergebnis."

- „Herr Weißhaupt, wir treten auf der Stelle."

Wir sollten uns nicht wundern, wenn der Schuldner auf unsere Äußerungen keine Antwort gibt oder ein Verhalten zeigt, das durch „na und" geprägt ist. Diese Schuldnerverhaltensweise spielt für unser Gespräch auch keine Rolle. Wichtig ist, dass wir durch den Schritt **Situationsbeschreibung** gewissermaßen einen Vorspann, eine Einleitung für den nächsten Schritt, den Schritt **Dramatisierung** haben.

2. Dramatisierung

Der Schuldner wird nun konkret nach seiner Meinung zur Problemlösung gefragt.

Methode: **Dramatische offene Frage**

Beispiele:

- „Was sollen wir Ihrer Meinung nach machen, um das drohende gerichtliche Mahnverfahren von Ihnen abzuwenden?"
- Wie wollen Sie aus der Klemme, in der Sie jetzt stecken, rauskommen?"

160

Wenn der Schuldner jetzt immer noch keine konstruktiven Regungen zeigt, kommen wir mit verbalen Mitteln nicht mehr weiter. Wir wissen aber, dass wir so ziemlich alles versucht haben, um die Angelegenheit einvernehmlich beizulegen. Gegebenenfalls ist nun das gerichtliche Mahnverfahren einzuleiten

8.3 Die wichtigsten Gesprächsmethoden für den Umgang mit dem Schuldner im Überblick

Problemsituation	Methode
Der Schuldner will mit einem kurzen Satz das Gespräch beenden (Abblockverhalten). **Beispiel:** „Ich habe kein Geld."	Eine offene Frage wird gestellt, mit der nach präziser Information gefragt wird. **Beispiele:** „Wann haben Sie wieder Geld?" oder „Wann glauben Sie wieder Geld zu haben?"
	Es wird direkt an die Aussage des Schuldners angeknüpft und dann die offene Frage gestellt. **Beispiel:** „Sie sagen gerade, dass Sie kein Geld haben. Wann glauben Sie (spätestens) wieder Geld zu haben?"

Der Schuldner dominiert in dem Gespräch.	Es ist eine offene Frage zu stellen, die öffnend ist. Der Schuldner wir dadurch veranlasst auf unser Anliegen einzugehen. Die Methode ist notfalls mehrmals hintereinander anzuwenden. **Beispiele:** „Wie wollen Sie das Zahlungsproblem lösen?" „Welchen Vorschlag können Sie machen?"
Der Schuldner geht in den Angriff über. **Beispiel:** „Was soll ich den machen, wenn das Geld fehlt?"	Es ist keine direkte Antwort darauf zu geben, sondern eine offene Frage zu stellen. **Beispiel:** „Was hält Sie davon ab, mit mir über eine Lösung nachzudenken?"

	Der Schuldner ist mit einer offenen Frage, die auf präzise Informationen gerichtet ist, auf das Thema zu fixieren. **Beispiel:** „Wann genau nehmen Sie die Überweisung vor?"
Der Schuldner äußert sich nur recht wage. **Beispiel:** „Ich werde schon bald zahlen!"	Eine geschlossene Frage kann auch gestellt werden. **Beispiel:** „Kann ich noch diese Woche mit dem Zahlungseingang rechnen?"
	Eine Alternativfrage kann ebenfalls angewendet werden. **Beispiel:** „Kann ich nächste Woche oder schon in dieser Woche mit dem Zahlungseingang rechnen?"

Der Schuldner lehnt alle Vorschläge ab.	Eine offene Frage ist zu stellen, die das Gespräch öffnet. **Beispiele:** „Wie sieht denn aus Ihrer Sicht die geeignete Lösung aus?" „Welchen Vorschlag können Sie jetzt machen, um den drohenden Ärger abzuwenden?"
Der Schuldner weicht einem Lösungsvorschlag aus.	Ein Lösungsvorschlag ist zu nennen und mit einer Kontrollfrage zu verbinden. **Beispiel:** „Ich schlage Ihnen also eine Ratenzahlung von insgesamt fünf monatlichen Raten in Höhe von jeweils 100,-- € vor. Ist das für Sie jetzt ein akzeptabler Vorschlag?"

Der Schuldner will sich auf eine Lösungsfindung nicht einlassen. **Beispiel** „Warten Sie doch ab!"	Eine Suggestivfrage verbunden mit einer Kontrollfrage kommt zur Anwendung. **Beispiel:** „Sie wollen doch sicher auch das Zahlungsproblem vom Hals haben oder ist das anders?"
Der Schuldner will sich auf eine Lösung nicht festlegen.	Eine Alternativfrage kommt zur Anwendung. **Beispiel:** „Wollen wir einen Wechsel ausstellen oder eine Ratenzahlung vereinbaren."
Der Schuldner lehnt die beiden, als Alternativ vorgebrachten Lösungsvorschläge ab. Er antwortet beispielsweise mit den Worten: „Keine von beiden".	Wenn eine Alternativfrage vom Schuldner nicht akzeptiert wird, folgt darauf eine offene Frage. **Beispiel:** „Was schlagen Sie jetzt als Lösung vor?"

Der Schuldner akzeptiert unsere konkret gestellte Frage nicht. **Beispiel:** Auf die Frage: „Können Sie heute noch für die Überweisung sorgen?" kommt die Antwort „Nein".	Wenn eine konkrete Frage negativ beantwortet wird, stellen wir eine offene Frage. **Beispiel:** „Wann erledigen Sie dann die Überweisung?"
Der Schuldner macht nur Vorwürfe und kommt dabei nicht zum Kern der Sache.	Die Vorwürfe-oder-Lösungs-Methode kommt zur Anwendung. **Beispiel:** „Wollen Sie mir jetzt nur Vorwürfe machen oder wollen wir uns über eine Lösung unterhalten?"
Der Schuldner schildert unaufhörlich die schlechte finanzielle Lage.	Der bisherige Gesprächsverlauf ist zu stoppen und das weitere Gespräch auf die Lösungsfindung zu lenken. **Beispiel:** „Sie würden doch sicherlich nicht anrufen, wenn Sie nicht einen Vorschlag hätten."

Der Schuldner macht einen unakzeptablen Vorschlag.	Wir lehnen den Schuldnervorschlag ab und unterbreiten selbst einen für uns geeigneten Vorschlag. **Beispiel:** „Das ist nicht möglich. Ich kann Ihnen jedoch .... anbieten."
Der Schuldner wehrt jeden Vorschlag von uns ab.	Auf diese Situation ist der Schuldner hinzuweisen und ein Gegenvorschlag ist zu verlangen. **Beispiel:** „Da Ihnen kein Vorschlag gefällt, schlage ich vor, dass Sie jetzt mal einen guten Gegenvorschlag machen."

| Der Schuldner zeigt unbeherrschtes, aggressives Verhalten | Der Schuldner muss sich zunächst alles vom Herzen reden. Vorher ist ein sachliches Gespräch nicht möglich. Es dürfen keine Äußerungen außer „hm, hm" erfolgen.

Oder
Durch das häufige Nennen des Namens lässt sich in vielen Fällen der Redeschwall des Schuldners abbremsen.

Danach ist der Schuldner zur gemeinsamen Lösungsfindung aufzufordern.
Beispiel:
„Frau Mauser, wir sollten nun sehen, wie wir gemeinsam so schnell wie möglich eine Lösung finden können." |

Der Schuldner zeigt sich unbeweglich in seiner ablehnenden Haltung.	Die Aussichtslosigkeit der momentanen Situation ist zu beschreiben.
	Beispiel:
	„Herr Kluger, so können wir stundenlang weitermachen ohne eine Lösung zu finden."
	Danach ist eine dramatische offene Frage zu stellen.
	Beispiel:
	„Was wollen Sie unternehmen, um aus der Schwierigkeit in der Sie stecken, rauszukommen?"

9. Die Empfehlungen für die positive Beeinflussung unseres Schuldners während des Gesprächsverlaufs

- **Kurzrückmeldung geben**
  Diese Methode dient dazu, den Gesprächspartner im Gesprächsfluss zu halten.
  Klassisches Beispiel:
  „hm", ...

- **Positiv verstärken**
  Mit der Anwendung dieser Methode wird die Absicht verfolgt, dass der Schuldner durch die verbale Belohnung veranlasst wird, immer mehr Dinge zu erzählen, die sich an unserer Interessenslage orientieren.
  Beispiele:
  „gut", „schön", „prima"

- **Sachverhalt bestätigen**
  Alle Äußerungen des Schuldners, mit denen wir uns einverstanden erklären können, müssen sofort durch eine Bestätigung abgesichert werden.

Beispiele:

„In Ordnung", „ja", „okay"

- **Wichtiges verstärken**

  Diese Methode stellt eine verstärkte Form von **Sachverhalt bestätigen** da. Sie wird dann angewendet, wenn der Schuldner eine akzeptable Lösung vorschlägt oder sich gewissermaßen auf dem Lösungsweg befindet.

  Beispiel:

  Schuldner: „Ich würde ja in Raten zahlen."

  Gläubiger: „Ratenzahlung wäre also eine Möglichkeit."

10. Von „GEHÖRT" bis „HANDELN"

GESAGT

bedeutet nicht

GEHÖRT.

GEHÖRT

bedeutet nicht

VERSTANDEN.

VERSTANDEN

bedeutet nicht

EINVERSTANDEN.

EINVERSTANDEN

bedeutet nicht

HANDELN.

1. Wie prüfe ich, ob das von mir GESAGTE von unserem Gesprächspartner auch richtig GEHÖRT wurde?

Lösung: Eine Kontrollfrage ist zu stellen.

Beispiel:

- „Sehen Sie das auch so?"

2. Wie prüfe ich, ob mein Gesprächspartner mich inhaltlich VERSTANDEN hat?

Lösung: Offene Frage stellen, damit sich der Schuldner geistig mit der Thematik beschäftigt.

Beispiel:

- „Was halten Sie davon?"

3. Wie prüfe ich, ob mein Gesprächspartner mit dem von mir GESAGTEN auch EINVERSTANDEN ist?

Lösung: Eine ergebnisorientierte Kontrollfrage ist zu stellen, gegebenenfalls noch zusätzlich mit einer kurzen Verstärkung.

Beispiel:

- „Ich kann mich also darauf verlassen dass der Betrag von 1000,-- € bis spätestens 15. nächsten Monats auf das Konto .... bei der .... überwiesen ist? Das kann ich doch, oder?"

Hinweis: In manchen Fällen lässt sich die Verhaltensabsicht des Schuldners überprüfen. Beispielsweise, ob ein Ratenzahlungsvertrag unterschrieben zurückgesandt wird oder nicht.

4. Wie prüfe ich, ob mein Gesprächspartner entsprechend dem GESAGTEN auch HANDELT?

Lösung: Durchführung einer Kontrolle. Es ist zu prüfen, ob ein Zahlungseingang zu verzeichnen ist oder nicht.

11. Beispiele für spezielle Abwehrhaltungen der Schuldner und Darstellung der Lösungsmöglichkeiten

1. Der Schuldner sagt:
   „Haben Sie doch Verständnis für meine schwierige Lage."

   Lösungsvorschlag:
   „Das ist sicherlich alles sehr schlimm für Sie. Lassen Sie uns deshalb darüber reden, wie wir

die Angelegenheit im beiderseitigem Einvernehmen regeln können."

Methode:

Verständnis zeigen + auf Zahlung bestehen

2. Der Schuldner sagt:

„Macht alles mein Mann, der ist aber nicht da."

oder

„Macht alles meine Frau, die ist aber nicht da."

Lösungsvorschlag:

„Ich erwarte dann den Anruf Ihres Mannes/Ihrer
Frau bis 18 Uhr. Wenn bis dahin kein Rückruf erfolgt ist, werden morgen früh die Zwangsmaßnahmen eingeleitet. Dann kann ich auch nichts
mehr tun, um eine einvernehmliche Einigung zu
erzielen."

Methode:
Gespräch + Konsequenzen + Einigung in
vertagen   aufzeigen   Aussicht stellen

3. Der Schuldner sagt:

    „Was, wegen einer nicht bezahlten Rechnung rufen Sie an, das ist eine Frechheit!"

    Lösungsvorschlag:

    „Frechheit hin oder her, ich rufe Sie an, um mit Ihnen eine Lösung zu besprechen."

    Methode:

    Emotionen   +   Hilfestellung
    abschwächen   anbieten

4. Der Schuldner sagt:

    „Das ist eine Unverschämtheit, das mit der Forderung stimmt ja gar nicht!"

    Lösungsvorschlag:

    „So, welche Beweise können Sie für Ihre Behauptung vorlegen?"

    Methode:

    Verwunderung zeigen + Beweise verlangen

5. Der Schuldner sagt:

„Das ist ja furchtbar, ich weiß mir keinen Rat mehr."

Lösungsvorschlag:
„Wir können noch das Schlimmste abwenden. Ich rufe Sie ja deshalb an, um mit Ihnen eine Lösung zu besprechen."

Methode:
Beschwichtigung + Hilfestellung anbieten

6. Der Schuldner sagt:
„Ich habe nichts bestellt." Oder „Ich habe nichts gekauft."

Lösungsvorschlag:
„Wir müssen jetzt gemeinsam versuchen das Schlimmste abzuwenden, d. h. das gerichtliche Mahnverfahren zu verhindern. Juristisch gesehen sind Sie in jedem Falle zur Zahlung verpflichtet. Das wissen wir beide."

Methode:

Konsequenzen + Zahlungsverpflichtung
verhindern wollen   bekräftigen

7. Der Schuldner sagt:

    „Ihr Anruf kommt im Moment ausgesprochen un-
    gelegen, rufen Sie doch in einer Stunde noch mal
    an."

    Lösungsvorschlag:

    „Gut, wenn Sie wollen können Sie mich gerne
    abwimmeln. Ich will Ihnen jedoch kurz sagen,
    dass das gerichtliche Mahnverfahren umgehend
    eingeleitet wird. Im Moment können wir das noch
    verhindern."

    Methode:

    scheinbares + Konsequenzen + Hilfestellung
    Aufgeben   aufzeigen   anbieten

8. Der Schuldner sagt:

    „Das kann ich alles nicht so schnell entscheiden."

Lösungsvorschlag:

„Das ist aber schlecht, denn wir müssen noch heute eine Lösung finden, um schlimme Konsequenzen für Sie zu verhindern."

Methode:

Verneinung + Dringlichkeit + Konsequenzen

verhindern

9. Der Schuldner sagt:

„Was wollt Ihr denn alle nur von mir?"

Lösungsvorschlag:

„Ich rufe Sie heute an, um mit Ihnen eine Lösung zu besprechen."

Methode:

Aussage   +   Lösungsbereitschaft

überhören   signalisieren

10. Der Schuldner sagt:

„Ich habe keine Mahnungen erhalten."

Lösungsvorschlag:

„Dann komme ich ja gerade recht mit meinem Anruf. Noch haben wir die Möglichkeit eine Lösung zu besprechen."

Methode:

Bumerang + Lösungsbereitschaft signalisieren

12. Der besondere Schuldner: Er verfügt über ausreichend Geld, gerät jedoch häufig in Zahlungsverzug

Am Schluss wird noch auf einen ganz speziellen Schuldnertyp, den es zum Glück nicht so häufig gibt, aufmerksam gemacht. Es kann durchaus vorkommen, dass auch ein solches Unternehmen in Zahlungsverzug gerät, das aufgrund seiner Geschäftstätigkeit sehr erfolgreich ist und deshalb über einen entsprechend großen finanziellen Spielraum verfügt. An ein Zahlungsziel wird sich oftmals nicht gehalten, sondern die Rechnungen dann beglichen, wenn es als organisatorisch machbar angesehen wird. In einem solchen Falle spielt das Unternehmen gegenüber den Lieferanten seine Macht aus.

Der Lieferant kann auf jeden Fall sicher sein, dass er sein Geld bekommt, nur der Zeitpunkt ist ungewiss. Bei Anrufen wird selten ein genauer Zahlungstermin genannt, sondern dagegen auf den nächsten Zahllauf verwiesen oder auf unbestimmte Zeit vertröstet. Oft hören wir ganz selbstbewusst Antworten wie „Warten Sie nur ab, Sie bekommen schon Ihr Geld".

Gegenüber einer solchen dominanten Firma gibt es wohl kaum ein wirkungsvolles Mittel, sie zur pünktlichen Zahlung zu bewegen. Mehr als ein freundlicher, manchmal sogar untertäniger Anruf mit der Frage: „Wann ist mit der Zahlung zu rechnen?" kann nicht unternommen werden. Durch ein zu resolutes Auftreten oder durch das Ankündigen von Zwangsmaßnahmen geht mit Sicherheit dieser gute Kunde für die Zukunft verloren. Wenn zu häufig Zahlungserinnerungen erfolgen, kann es auch durchaus sein, dass der Lieferant als wirtschaftlich zu schwach eingestuft wird und deshalb keine Aufträge mehr bekommt.

Die Entscheidungssituation für den Gläubiger stellt sich leider so da:

„Toleriere ich die Zahlungsgewohnheiten des Kunden, lasse ich mich also auf seine Eigenheiten ein oder verzichte ich lieber auf das gute Geschäft?"

Der Autor

Rolf Kamphaus, Diplom-Kaufmann, Diplom-Betriebswirt (FH) hat an der Friedrich-Alexander-Universität Erlangen-Nürnberg mit den Schwerpunkten Unternehmensführung, Betriebspsychologie und Industriebetriebslehre studiert. Zuvor absolvierte er auch das Studium an der Fachhochschule Nürnberg mit dem Schwerpunkt Marketing.

Nach langjähriger Tätigkeit in großen Unternehmen mit den Aufgabengebieten Unternehmensorganisation und Kunden- und Lieferantenmanagement ist er seit 1988 freiberuflicher Dozent und Trainer für Fach- und Führungskräfte aus Industrie und Wirtschaft.

Gleichzeitig gründete er das Management-Studio für Personal und Organisation. Als Inhaber dieser Firma ist er selbst Anwender der von ihm trainierten Methoden. Er ist langjähriger Managementtrainer bei Industrie- und Handelskammern, Wirtschaftsverbänden sowie bei Firmen.

Das Seminarspektrum umfasst die Themenbereiche:

Kommunikation, Einkauf, Verkauf und Marketing,
Unternehmensführung, Mitarbeiterführung
sowie Organisation.

Gerne werden auch für Ihr Unternehmen Seminare abgehalten.

Nehmen Sie den Kontakt auf! Fordern Sie die detaillierte Seminarübersicht an!

E-Mail: rolf.kamphaus-seminare@t-online.de